不强势的妈妈

谢文华 著

图书在版编目（CIP）数据

不强势的妈妈 / 谢文华著. -- 北京 : 北京联合出版公司, 2024. 12. -- ISBN 978-7-5596-8105-8

Ⅰ. G78

中国国家版本馆CIP数据核字第2024AC7613号

不强势的妈妈

著　　者：谢文华
出 品 人：赵红仕
责任编辑：杨　青　管　文
封面设计：吕宜昌

北京联合出版公司出版
（北京市西城区德外大街83号楼9层100088）
三河市金兆印刷装订有限公司　　新华书店经销
字数140千字　880毫米×1230毫米　1/32　6.5印张
2024年12月第1版　2024年12月第1次印刷
ISBN 978-7-5596-8105-8
定价：59.80元

前 言

P R E F A C E

家庭教育不仅需要爱，更需要方法。为人父母的你，是否遇到过这些问题：常常觉得和孩子有距离感，会因为各种问题发生争执；常为孩子的不听话、不懂事、太费心而苦恼，以至于家里整天充满了呵斥、吵嚷声；觉得孩子对你的叮嘱和教导不理解、不接受，甚至故意对着干。

当家庭教育出现类似问题时，很多父母会把矛头指向孩子，并为其加上一堆让自己难过、让孩子痛苦的“罪名”，却很少会换位思考，不懂得优先分析自己的态度与行为。

没有教育不好的孩子，只有不会教育的父母。成功的家庭教育，首先源于良好的亲子沟通，而失败的家庭教育，一定是沟通出了问题。所以，为人父母者需要学习沟通的技巧，在“如何说才能让孩子听进去”上多多用心。

巧妙说孩子才会听。父母恰当的语言能搭建起与孩子心灵对话的七彩之虹，父母用心倾听才能捕捉到有效信息，找准教育的切入点。父母要及时与孩子沟通，消除隔阂，清扫孩子内心的尘埃，帮孩子营造一片晴朗的天空。要听出孩子的潜台词，说到孩子的心坎里，以父母、老师和好朋友的身份，陪伴孩子健康快乐地成长。具体来说，父母需要打造父母的语言，让孩子清楚、透彻地理解你的话；父母需要学会给语言穿上“糖衣”，让孩子爱听你说话；父母需要给孩子表达的机会，让孩子主动说出心里话；父母需要学会说服和倾听的技巧，让沟通的过程变得温馨而愉快……

本书结合家庭教育的典型问题，阐述了完美亲子关系的本质规律和关键点，辅以大量的常见场景和问题加以说明，并配有相应的练习题，提供了可行的思路建议，让父母切实掌握让孩子听进去的话术，并灵活运用，随时应付各种情况。书中提供的互相尊重而又切实可行的沟通方法，就是一把打开孩子内心世界的钥匙，能指引父母切身体会孩子内心的感受，把和孩子的矛盾化解于无形之中。

沟通质量决定教子成败。本书能帮助苦恼的父母应对亲子教育的诸多情况，在短时间内切实帮助父母学会和孩子达成完美沟通。总而言之，这本书就是一本融合爱与沟通技巧的神奇之书，是一本带来家庭和睦、孩子茁壮成长的父母必读之书。

目 录

C O N T E N T S

第一章 ▸ 回应感受，有效安抚孩子的情绪

第二章 ▸ 不吼不叫，让孩子变对抗为合作

第三章 ▸ 找到切入点，让孩子和你有话说

第四章 ▸ 别再说“你真棒”，正确的鼓励让孩子变得更好

第七章 ▸ 趣味表达，让孩子更有幸福感

第八章 ▸ 纠正孩子坏习惯的话术模型

第一章

回应感受，有效安抚孩子的情绪

笑容和泪水都是孩子的真情流露，不应被否定、制止和压抑。

“不许哭！”是对孩子的一种伤害

父母都希望看到孩子开心的笑脸，不愿看到他的脸上挂满泪水。但笑容和泪水都是孩子的真情流露，是生理和心理的正常反应，不应被否定、制止和压抑。

场景回放

顾琪费了九牛二虎之力才把鞋子套到脚上。但当他发现自己无论怎样缠绕鞋带都打不出一个结时，就“哇”一声哭了出来。

妈妈说：“不许哭，憋住！不就是系鞋带嘛，这有什么好哭的！”

顾琪依旧紧紧握着鞋带号啕大哭。

妈妈见顾琪听不进去自己的话，便瞪大眼睛盯着他说：“闭嘴！不许哭！”顾琪哽咽了几下，转而低低抽泣。

妈妈见此，不耐烦地说：“你一个男孩子，一遇到事就只会哭鼻子了。”

顾琪听到这句话，捂住嘴巴示意自己不会再哭了。

妈妈说：“以后不许哭了，再哭爸爸和妈妈就不管你了，听见没有？”顾琪委屈地点点头。

英国的一位心理学家曾指出："婴孩的哭声会给父母的大脑带来特殊的刺激，令其心跳加快、血压上升，进而感到不适。"尤其是孩子在公共场合哭闹，父母会承受更大的心理压力。于是，无论是出于心疼还是烦躁，父母大多时候都会采取斥责、打骂、哄诱、妥协等方式止住孩子的哭泣。所以，父母大多不喜欢孩子哭，看见孩子哭就开始烦躁，甚至情绪失控。

很多父母不理解孩子为什么要哭泣：明明只是一件小事，甚至是一个微不足道的动作，为什么稍有不顺心，就能勾出眼泪？这种长期的不理解逐渐耗光父母的耐心，进而使父母明确地告诉孩子"不许哭"。

更有不少父母认为孩子哭泣是软弱、娇气的表现，一直向孩子灌输"哭泣是不好的"的观念，让孩子发自内心地去压抑自己想哭的冲动。但是，成年人的标准显然并不适用于孩子，孩子的身心发展尚不成熟，对父母而言的"小事"对孩子来说也许非常重要，父母眼中"无理取闹"的孩子也许正在捍卫自己的底线。

事实上，根据美国心理学家威廉·弗莱的研究显示，眼泪中可能有一种与止痛剂类似的物质。威廉·弗莱认为，流泪能够排除人体由情绪压力所累积的毒素。

如果父母总是不允许孩子哭泣，会让孩子默默地压抑情绪，失去发泄和表达情感的机会，或者不敢表达自己的负面情绪。长期积压的情绪得不到疏解，很容易造成各种心理问题。

美国心理学博士阿尔黛·索尔特指出：“哭泣是肌体在重建时所做的努力，它是自我治愈的一个步骤。”孩子懵懂天真，不代表他们没有需要发泄、调节的情绪。父母唯有允许孩子哭泣，才能帮助孩子锻炼出强大而健康的内心。

1. 陪在孩子身边，让他想哭就哭

在孩子哭泣的时候，父母应该陪在他的身边，去理解、安慰他，对他说：“没事的，爸爸妈妈在这里陪着你。”这样说的目的不是平息孩子的哭泣，而是让他把情绪全部宣泄出来，不要积压在心里。

可以给孩子倒一杯水，对他说：“哭累了吧，喝一点水润润喉，要不要吃点东西？”这种陪伴和体贴能温暖孩子的内心，有效缓解他的情绪。

2. 询问孩子哭泣的原因

孩子哭完之后，父母不能就此放任不管。此时爸爸妈妈可以问他：“发生了什么事？你为什么哭得这么伤心？”这句话平平无奇，却能解决大多数情绪失控问题。

当孩子因为年龄尚幼，不能够准确地表达内心的感受时，父母应当耐心一些，多给孩子一点时间，用理性的态度去分析孩子的话语，引导孩子说出具体的感受：“是因为……（事件）感到……（情绪），所以才会哭。”然后，父母再引导孩子要直面问题，教他如何组织语言、表达自己的感受和需求。久而久之，当孩子再次遇到这种情况时，就可以用语言来代替一部分哭泣。

实际上，孩子能够在感到不舒服时就哭，把情绪立刻发泄出来

是一件好事。允许孩子表达出悲伤、沮丧、伤心等情绪感受，孩子才能更好地学习如何自我调节和掌控自己的情绪。而长期克制、压抑自己情绪的孩子，一旦积压的情绪爆发出来，反而容易引发更为严重的失控场面。

每个人都会有需要宣泄情绪的时刻，孩子也不例外，允许孩子用哭泣的方式发泄，他才能健康成长。

孩子遭遇失败，别急着安慰他“没关系”

当孩子因为失败而沮丧、哭泣时，很多父母都会安慰孩子：“没关系，这没什么大不了。”但在大多数时候，父母的安慰不但无法帮助孩子摆脱消极情绪，还可能进一步刺激他。

场景回放

小浩学习骑自行车，但骑了不到半分钟，就因为控制不了平衡从车上摔了下来。

第一次摔下来后，在爸爸“没关系，再来一次”的鼓励下，他再次跨上了自行车。

可是，小浩尝试了几次都没有成功，干脆说："太难了，我不想学了！"

爸爸赶紧抱住他，说："没关系的，不就是摔了几次嘛。再来一次，没准就好了。"

小浩眼圈红了。

爸爸继续鼓励："才练了 10 分钟，再练一会儿就好了，加油！"

小浩愤怒地拒绝道："不好，我不练了。"

"没关系"的初衷虽然是安慰，希望孩子不要过度沉浸在沮丧、懊恼的情绪之中，但这也会让孩子以为爸爸妈妈根本就不在乎自己。这一句"没关系"不仅没有尊重孩子的情绪，也是在全盘否定他的努力。孩子虽然小，却知道失败不是一件好事。如果父母把孩子遇到的困难描述得不值一提，那失败之后，孩子也只能把不好的原因归咎于自己："为什么这点小事我都做不好，我是不是很差劲？""为什么爸爸妈妈说'没关系'，我却这么难受，是不是太小题大做了？"当孩子开始质疑、否定自己时，自卑感就油然而生。

但孩子往往又没有能力去反驳父母的"没关系"，就只能一口闷气憋在心里。心理学家认为，负面情绪得不到理解和共情，就是在进行"负强化"，加剧孩子的消极感，这很容易导致他怀疑自己，进而否定自我。著名心理学家武志红介绍说，从出生开始，每个孩子都会发乎本能地产生一种全能自恋，以为自己是世界第一。当孩子受挫，父母若只能给予他"负强化"作用显著的安慰时，失败带来的巨大失落感会让孩子越来越郁闷。不断被强化的负面情绪很难被时间消磨，孩子会在很长一段时间内都摆脱不了低落的心情。

父母也许以为孩子年纪小，不会记得自己无心的一句“没关系”。但其实，心理年龄小恰恰意味着心理更加脆弱。当年幼的孩子遭受打击，父母仅仅用一句“没关系”来安慰，那么，当他再遇到相似的事情时，就会清晰地记起当初的痛苦。而畏惧、躲避疼痛是人类的本能，父母的无效安慰只会加剧这种疼痛，让孩子在遇到相似的困难时更想逃避，以避免再次承受巨大的痛苦。

当孩子遭遇失败，父母要做的不是绞尽脑汁地安慰，而是引导他说出自己的感受。

1. 与孩子共情，肯定他的情绪

成年人在受挫时，会也会产生情绪，难以抑制地胡思乱想，更何况是不懂得如何调节情绪的孩子。父母要向孩子表达理解，通过语言明确地肯定他的情绪。

父母要想象自己就是一个孩子，设身处地地感受孩子所面临的挫败，拥抱孩子，告诉他：“我知道你很难受，你愿意和我具体说说吗？”“摔得疼不疼？如果是我一定会哭的，你真坚强。”父母用这样的语言来和孩子寻求共鸣，帮他说出自己的感受，缓解他心中的痛苦。当孩子知道父母理解他时，就更容易被劝解，进而正确处理自己的负面情绪。

2. 告诉孩子失败的意义

父母站在孩子的立场上，评估失败对他的意义，告诉他："我知道你为这次比赛准备了很久，你伤心是很正常的。""不要一直闷闷不乐，通过这件事我们也发现你在……（短板）还有上升的空间，认真改正就是进步。"

父母要知道，缓解挫败感的最好方法就是让孩子看到改变现状的可能性，父母要帮孩子发现自己的问题，并激励他改正，只有这样他才能理解"失败是暂时的，不需要过分在意"。父母不妨对孩子说："你有没有发现，如果……（做法）就有可能……（改善的情况）""我觉得这样……（做法）也不错，你想不想和爸爸妈妈一起试试？"

孩子遭遇失败后难以接受现实、情绪低落是再正常不过的事情，父母不要轻率地忽视孩子的感受，重视、承认，并疏导孩子的情绪，才是让他积极面对失败的正确做法。

孩子想要放弃，不盲目鼓励

在孩子拒绝做某件事时，父母的第一个想法就是立即帮他攻克难关，鼓励他勇敢面对困难。但对孩子来说，这些鼓励的言语却充满压力。他会感到被逼迫，然后更加不满和抗拒。

“你看小美游得这么好，你肯定也行！”妈妈一直在加油鼓劲，小宝却坐在泳池边，迟迟不肯下水。

“我不敢。”小宝缩进妈妈怀里，小声说。

“不用害怕，妈妈会保护你的，加油。”妈妈边说边把小宝往水里抱。

小宝的脚丫刚碰到水，就开始放声大哭。

妈妈怒气冲冲地说：“你有什么好哭的？不就是沾了点水嘛！胆子这么小，以后再也不带你玩了！”

当孩子想要放弃时，大多数父母会这样鼓励：“大家都能做到，你也能行！”“这不难的，再坚持一会儿就好。”“加油，这点儿困难可不能怕。”

这些话听起来似乎没什么问题，但实际上不仅不能起到鼓励的效果，还有可能加剧孩子的心理压力，让他更加畏惧挑战，排斥尝试。

孩子退缩时，通常是发自内心地害怕，害怕危险、害怕自己做不到、害怕努力过后会让爸爸妈妈失望。这时，如果父母还是要求孩子硬着头皮往上冲，他一定会觉得：“我好害怕，也不知道该怎么做。为什么爸爸妈妈一定要逼我？”“其他小孩都能做好，如果我做不到岂不是很丢人？我是不是不如其他人？”“爸爸妈妈就知道逼我，他们不知道我很难受吗！”假如你告诉上司你不会喝酒，上司对你说："那你正好可以趁这个机会再试试，这酒度数不高，其他人喝了脸都没红。来，拿起杯子，我们走一个。"你想一想，面对这种骑虎难下的局面，你能做到高高兴兴地举杯痛饮吗？父母的鼓励，实际上是用鼓励强迫孩子顺从，孩子会反感、愤怒，进而更加排斥。

真正的鼓励，应该是给予孩子坚定不移的支持，让他拥有足够的勇气和自信，并陪他度过最艰难的时光。

1. 认同孩子的消极情绪

父母首先要做的并不是考虑如何解决问题，而是如何处理孩子的消极情绪。如果消极情绪只是被简单粗暴地消除，那么即使问题被解决，下一次遇到类似情况时，孩子依旧会产生消极情绪。

孩子抗拒学习小提琴，父母可以说："是不是太累了，还是觉得太难了？要不要和我一起看看你最喜欢的……（人名或曲名）的视频？""你看就是……（人名）也说练琴很难很辛苦，不过你听他拉得多好。""我也觉得……太复杂 / 太难了，要不要先做点别的。"

刚开始，父母不必勉强孩子一定要做到某种程度，认同他的消极情绪，之后再慢慢找出能勾起他兴趣的点，让他自愿继续尝试。

2. 具体地鼓励孩子

父母的鼓励浮于表面、过于空泛，容易让孩子产生许多错误认识。因此，父母可以根据具体事件和孩子的具体反应给出更符合实际情况的鼓励。比如，父母可以把"你能行的"换成"之前你在……（事件、地点）就做得很好，你可以试试像上次一样……（具体操作），再试试看，应该会好一点”。

这样的鼓励，才能让孩子根据具体的指导做出调整，而不是破罐子破摔、甩手不做。

4. 一味“泼冷水”，会让孩子很受挫

在听到孩子兴冲冲地说自己取得了什么进步时，不少父母都会板起脸说：“尾巴都翘上天了，你还差得远呢！”父母对孩子的进步表现出不以为然，喜欢给孩子泼冷水，会让孩子很受挫。

场景回放

小时兴冲冲地说：“妈妈，我将来想做运动员，我们老师说我可有天赋了！”

妈妈一脸不可思议，问道：“就你还有天赋？篮球十次投不中三次，跳高还没你们班莉莉跳得高，你哪方面有天赋啊？”

小时回答：“我跑得快，今天测验老师说我可以练长跑。”

妈妈忧心忡忡地说：“人家跑得快的都是大长腿，你看看你，天生小短腿，从先天条件上就输给人家了。”

小时生气地喊：“我的腿不短，我就要做运动员！”

妈妈问：“那你学习怎么办？本来成绩就不怎么样，当运动员要每天训练，你还要不要学习？”

小时噘着嘴不说话。

妈妈又说：“你们老师说你有天赋，那是和班级里的同学比，要是和全省、全国的人比，你那点儿天赋够用吗？”

很多父母担心孩子在取得优异成绩后会变得骄傲，会满足于当前的成就而止步不前。于是，一旦发现孩子跷尾巴，父母就会用冷言冷语给孩子降温。

比如，孩子说：“这次语文我考了满分，总成绩全班第四，厉害吧！”妈妈则说：“班里的第四名有什么好说的，人家年级第一都没你飘。”很多父母以为孩子只是单纯在炫耀，殊不知他其实是希望被夸奖。这不仅容易让孩子陷入失落的情绪中，还会因为父母的否定误以为“我是不是真的很差劲？为什么无论我有多努力，都不能让爸爸妈妈满意？”时间一长，孩子会越来越自卑。

每个孩子在成长过程中都有一个“自我概念”形成的阶段。他会产生自我评价，而影响自我评价的重要因素是从父母那里接收来的评价。父母“泼冷水”无疑会令孩子对自己的评价过低，丧失自我认同感。这样的孩子将花费一生寻求他人的认同，但他本身没有自信，自然很难接收到好的反馈。当找不到自己存在的价值时，他就会越来越消极。

有进步就值得被夸奖，孩子都希望得到父母的认同和喜爱，父母不妨少泼些冷水，多些夸赞和鼓励。

1. 教孩子自我接纳

心理学家亚伯拉罕·哈罗德·马斯洛认为，能做到自我接纳的人不因自己的缺陷感到困扰或窘迫，他能坦然地接受自己的现状，包括自己的需求、水平等等，同样，他也不会计较他人的缺点。

父母可以多问孩子一些问题，比如："你这次做得真不错，你觉得哪里做得最好？有没有还能提高的地方？""你觉得自己有哪些优势，哪些缺点？""你觉得自己需不需要再学些什么，我觉得你可以考虑在……方面提升一下，那你不就更优秀了嘛！"

引导孩子全面认识自己，接纳自己，孩子才能更加积极自信。

2. 用鼓励来暗示不足

父母应当尽量避免直言冷语，平时多用鼓励和夸赞来暗示孩子的不足。比如，当父母发现孩子的英语成绩虽然很不错，但仍然有不足的地方，可以说："你这次的听力全对，这是你每天都练习的结果。错的几道题多是语法知识，语法挺难的吧？"孩子一定会回答"语法挺难的"，然后父母就可以鼓励他也像练习听力一样每天做点练习。这样就可以让孩子意识到自己不够完善的地方，有明确的努力方向。

5. 认同孩子的恐惧，而不是嘲笑他胆小

当孩子感到恐惧时，很多父母片面地认为他不够勇敢，会嘲笑孩子是个胆小鬼。孩子得不到父母的理解、支持，还要被嘲笑，这无疑会使他更加难以克服内心的恐惧。

小虎紧紧地抓着妈妈的手臂，满脸泪水：“我害怕，我不想玩了。”

妈妈：“这有什么好怕的，你看其他小朋友，都爬上去了。”

小虎拼命摇头：“妈妈我们走吧，这个太吓人了。”

妈妈：“别怕，你可不要做胆小鬼，快去！妈妈就在这里看着你。”

小虎却坐在地上号啕大哭，妈妈只好拉他起来：“怎么胆子这么小，以后就叫你‘胆小鬼’好不好？”

孩子的想象力丰富，黑暗和未知总能令他们浮想联翩，感觉恐怖不已。尤其是在睡前，孩子常会说：“别关灯，我怕黑。”“我不要

一个人睡，床下的怪物会爬出来吃了我的。”当孩子说“我害怕”，父母总是嘲笑孩子“胆子小”“没出息”，这会让孩子产生自我否定的情绪，内心变得极度自卑。

父母也常常会把这些话语当作孩子编造的借口，认为他们想要的只是父母的陪伴。其实这并不完全对，对年幼的孩子来说，脑海中浮现的恐怖画面就是“现实的世界”，他所表现出的害怕，是切切实实的恐惧，不是一个简单的、任性的借口。

那么，孩子到底在恐惧什么东西？孩子恐惧的事物具有阶段性，不同年龄段的孩子会恐惧不同的东西。比如，1 岁左右的孩子会害怕响声和突然变化的环境；2 岁左右的孩子会恐惧陌生人；3 岁左右的孩子会害怕黑暗，不敢单独在家；4 岁左右的孩子可能会害怕动物、昆虫；而五六岁的孩子害怕的对象则变为雷鸣、鬼怪以及野生动物等等；七八岁的孩子最恐惧的是上学和身体受到伤害；9 ~12 岁的孩子则害怕与人社交和学习活动。

恐惧是建立在孩子对危险有了初步判断的基础上，随着大脑的发育，他们对危险的认知会不断更新。

心理学家认为，害怕代表着孩子对危险更加敏感，产生了自我保护意识。父母不妨趁此机会，引导孩子正确认识恐惧。

1. 承认孩子的恐惧

承认孩子恐惧的感受，让孩子感觉到自己被理解和认同，然后再引导孩子去面对内心的恐惧。当孩子不敢一个人进卫生间，或因为害怕一只小狗而不敢往前走时，一定不能嘲笑他。想要安抚孩子，父母可以告诉他："你害怕这些很正常，我小时候也害怕，不过我会……（具体方法），之后我就知道这没什么好怕的了。"

父母也可以说："那只狗吓到你了吧，我保护你，我们一起向前走好不好？如果你不愿意的话，那就等狗狗走了我们再走，它经过的时候我会抱紧你的。"如果孩子因为即将面对的未知情形而感到恐惧，父母可以说："你是在担心其他小朋友不愿意和你玩吗/上课答不出问题吗？你可以……（建议），试一试你就会发现其实没你想象的那么糟糕。"

2. 带孩子认识恐惧的事物

孩子有害怕的情绪，是因为许多事物对他来说是未知的。父母想帮孩子克服恐惧，就必须让他对所恐惧的事物有一定的认识。当孩子能直面并认识未知事物后，他对该事物抱有的恐惧感才有可能减弱甚至消失。

当孩子说"我害怕"时，父母可以说："我在这里，告诉我，是什么让你害怕了？""那确实挺吓人，不过……（原因），所以它其实是不存在的/它是伤害不到你的。"

每个人都有害怕的事物，父母可以告诉孩子"害怕也没关系"，并给他一个安全感十足的拥抱，陪伴他面对害怕的情绪。

6

正在气头上的孩子，听不进去大道理

当孩子怒火中烧时，不少父母都选择循循善诱、语重心长地给孩子讲道理。表面上，这种和风细雨的方式要比暴风骤雨更有优势。但孩子却很少会领情，反而觉得父母聒噪或被进一步激怒。

场景回放

雪铃回到家，生气地说：“小明弄坏了我的玩具，我要他赔我一个新的，他竟然不肯！”

妈妈说：“别生气了，不就是个玩具嘛，妈妈再给你买个新的好不好？你和小明从上幼儿园就是好朋友，不能为了一个玩具吵架，是不是？”

雪铃愤怒地说：“我再也不和他一起玩了！”

妈妈认为小孩子之间不必过于计较，劝说道：“就算是小明的错，也不用非要他赔呀！”

雪铃瞪着妈妈，说：“我不管，我就要他赔！”

妈妈说：“你不要不依不饶的，我明天跟老师说，让小明给你道歉，好吗？”

雪铃转过头，说：“不要！”

妈妈有些生气地说：“你再这样，就没有小朋友愿意和你玩了。”

父母最擅长的就是讲道理：“你要先想想自己哪里做得不对”“我觉得这件事……”讲道理听起来比打骂更加开明、民主，但未必有用。尤其是当孩子正在气头上，父母一味讲道理只能是火上浇油。

卢梭在《爱弥儿》中写道：“和孩子讲道理是最无用的教育方式之一。”在被气得火冒三丈时，父母那些枯燥的理论和说教，孩子不但不会记在心里，情绪反而会被进一步刺激，产生“我偏不听你的”“我就要这样做”的想法。这不是孩子不可理喻、无理取闹，而是因为情绪属于感性力量，当感性力量占据上风时，理性的力量必然处于弱势。当大脑被情绪支配时，根本无法做到理性思考，研究表明，不管一个人的智商有多么高，在他怒火中烧时，习得的知识、过往的经验都会被抛到九霄云外。因为他此时就不是想要解决问题，大脑的首要选择就是解决消极情绪，或保持积极情绪。而智商只有在面对具体问题时，才会发挥效果。也就是说，被负面情绪控制的孩子，本能的反应是发泄这种不良情绪，而不是解决问题。

所以，大脑被情绪控制时，理性区域就处于封闭状态，或者说防御状态，会下意识地排斥父母给的意见。只有等情绪平复之后，孩子的理性区域才能发挥作用。

当孩子有愤怒情绪时，父母不妨先考虑如何解决他的情绪问题。

抛开“大道理”，和他展开一段敞开心扉的谈话吧！

1. 通过询问认可孩子的愤怒

父母可以先问孩子“发生了什么事情？”“是……（人）做了什么让你不开心了吗？你愿意和我说一说吗？”如果孩子只哭不讲话，父母可以先陪伴孩子，等他发泄完情绪之后再沟通。

如果孩子愿意倾诉，父母可以说：“我知道你的玩具被弄坏了，你很伤心，如果我的电脑被弄坏，对方还和我说不愿意赔，我一定会非常生气。”“我知道……（某人做了某事）让你很生气，你愿意和我说说你现在对他/这件事的看法吗？”

父母要仔细观察孩子描述事件时的愤怒程度，先认可这种情绪，然后站在孩子的角度去思考，再根据具体情况尝试开导，并找到解决事情的方法。

2. 重复孩子的话，帮助他梳理情绪

倾听孩子诉说的过程中，适当地重复孩子的话会让他感到被重视，被理解，还能引导他说出自己的具体感受。

比如孩子说“今天上课老师一直没有叫我回答问题，被叫起来的同学答不上来，如果叫我的话我可以答上来的！”父母可以说：“宝贝真棒，老师没有叫你回答真是太可惜了。”父母无须讲道理，或者转移孩子的注意力，只要陪伴孩子一起消化他的感受即可。

父母的理解就是对孩子最好的安慰，父母只要能看到、认同孩子的情绪，他自然就能慢慢平复下来，这是多少“大道理”都得不到的效果。

不要放大孩子的难过，以免越安慰越崩溃

当孩子身体不适、遭遇挫折或者表达不满时，不少父母都会因为过于关心孩子，就无意间放大了孩子的难过，结果不仅不能抚平孩子的情绪，还十分不利于培养其抗挫折的能力。

“妈妈……”墩墩抱住妈妈，情绪低落。

“出什么事了？快告诉妈妈。”妈妈见墩墩垂头丧气，心疼地问道。

“我说桃子是个小矮子，她生气了，说再也不和我玩了。”

“要我说就是桃子不好，她之前还叫你肥崽是不是，你叫她一声小矮子怎么了？”妈妈看着墩墩红了的眼眶气愤地说。

墩墩点点头，哭着说：“对，她动不动就叫我肥崽。”

妈妈一看墩墩哭了，连忙继续安慰：“不哭不哭，这个桃子太可恶了，竟然欺负我们墩墩。”

墩墩听完，由小声抽泣转为号啕大哭，边哭边号：“桃子欺负我，呜呜呜……”

父母都不能忍受年幼的孩子受委屈，甚至很多父母见到孩子委屈的样子，连事情的原委都没有了解清楚，就直接去找其他孩子的家长理论，或冲进学校投诉老师，势必要替孩子“讨回公道”。

父母将孩子看作经不起风雨的幼苗，所以每当孩子发生什么不愉快，父母都会觉得孩子承受了很大的委屈。即使有时候犯错的是自己孩子，父母也觉得他经此一事一定大受打击。为了防止消极情绪影响孩子的心理健康，父母大多会选择替孩子开脱，告诉他：“这不是你的错，……也有问题。”“都怨……我们宝宝不难过了。”于是在父母的过度安慰下，孩子对自己的定位渐渐变为“被害者”，他不认为自己有什么过错，自己遭遇挫折都是因为别人做得不够好，害了自己。

父母的行为看似饱含浓厚的父爱或母爱，但实际上，这种长时间的包庇与纵容正在慢慢毁掉一个孩子，因为这会让孩子形成“被害者心理”。所谓“被害者心理”就是，人们认定自己在生活中一直扮演着被害者的角色，总是遭受到不公平的对待，进而产生的一系列消极心理。具有这种“被害者心理”的人，常常感叹命运的不公平，却不愿通过自我反省、付出努力来改变现状。

如果父母忽略孩子自身的问题，直接责怪他人或其他事物，那么，原本不觉得有什么的孩子也会觉得自己受到欺负，应该感到难过。如果父母再反复埋怨其他人或者其他事物，那孩子的难过就会被不断放大，直到情绪爆发为止。父母频频将“被害者”的帽子扣在孩子头上，孩子就会以为自己是无辜的，形成“被害者心理”。久而久之，孩子就会习惯“被害者”的身份，养成遇事推卸责任的习惯。

当孩子难过时，父母不妨耐心观察，仔细斟酌语言，安抚孩子。

1. 冷静等待，引导孩子说出真实感受

孩子学走路时难免会摔倒，他摔倒后会下意识地观察父母的反应，这是他在寻找参考对象。因此，孩子摔倒后，如果身上没有大伤，父母不妨冷静地等待，引导孩子自己表达感受。否则，如果孩子觉得自己受到伤害，但父母却无动于衷，孩子会怀疑自己的真实感受，产生认知上的混乱。但如果孩子觉得没什么，父母却紧张万分，那么孩子就会自然而然地无视事实，放大自己的感受，产生难过的情绪。

孩子难过时，父母千万不要表现得过于惊慌，尽量用轻松的语气询问：“还好吗？”这样他能说出具体的原因，也能清楚他哪里不舒服，而不是被挑起情绪大哭一场。

如果孩子表示很痛，父母可以表示理解和支持。比如告诉孩子：“我看到你受伤了，你觉得很痛是吗？过一段时间伤口就会愈合，要不要我给你找一个创可贴贴上去？”父母适当地伸出援手，可以增强孩子的安全感。

如果孩子哭泣，父母一定要保持冷静，再辅以适当的安抚，这样才能使孩子慢慢平静下来，以便父母询问、检查。

2. 总结经验教训，转移注意力

父母可以询问孩子事件的经过，引导孩子找出难过的理由，帮

他总结经验教训。比如，孩子摔倒了，父母可以一边给他处理伤口，一边告诉他："摔倒是不是因为太心急了，走路不看路才被绊倒的？以后不想摔倒该怎么办？""肿了要用冰袋冷敷，流血要消毒包扎，求助爸爸妈妈和医生，宝宝记住以后就可以自己处理伤口了。"

父母既不应该忽视孩子的感受，也不必放大他的难过。保持平静的姿态，给予合理的安抚、引导，就是给孩子最好的示范了。

8

孩子犯错，要回应，而不是反应

发现孩子犯错，父母的第一反应通常是生气，然后忍不住批评指责，甚至打骂。这种受情绪支配的反应，不但没有任何教育价值，还会进一步强化孩子的负面行为。

场景回放

小北一连掰掉了 13 辆奔驰车的车标，需要支付一大笔赔偿金。

爸爸冲小北怒吼："熊孩子！你干吗把人家车标掰下来？"

小北抖了抖，不知所措，只能耷拉着脑袋不吭声。

爸爸见状，更生气了："我说话你没听见是不是？一天天就知道闯祸，你倒是说话呀！"

小北小声说：“我不是故意的。”

“你不是故意的？不是故意的，能掰掉十几个？看我今天怎么收拾你！”说着，爸爸朝着小北的屁股就踹了起来。

回应和反应有着本质区别，反应是一种本能，比如被人攻击时，你会本能地闪躲，这就是反应。而回应则是事情发生，经过大脑思考后，你给出的反馈和做出的选择。

当孩子犯错了，父母的反应通常是大声斥责批评，但这很难让孩子反省错误，吸取教训，只会徒增愤怒、怨恨。比如，你让孩子帮忙扫地，孩子东一下西一下胡乱扫了几下，就说扫完了。你看了当然来气：“脏成这样你怎么好意思说你扫了？就会敷衍了事。照你这样，以后什么事都做不好，工作一天就得被人解雇！”孩子以后肯定再也不愿意帮忙扫地了。

孩子犯了错，内心本来是怀有内疚和歉意的，父母的责备只会让孩子内心的愧疚烟消云散，取而代之的是愤怒，以至于激烈反抗。而且，当孩子被批评的次数多了，孩了就会认为自已什么都做不好，怀疑自身的能力、价值，越来越自卑，做什么都缩手缩脚。

面对孩子的错误，生气是正常的，但不要被愤怒驱使做出错误的反应，伤害孩子。比如，用尖刻的语言挖苦、羞辱孩子，故意冷落孩子，将负面的情绪和感受转嫁到孩子身上。如此，教育就变成了一种感情惩罚。

从表面上看，感情惩罚虽不像体罚那样明显，但它所带来的负面影响却更加持久而深刻，不仅仅伤害孩子的自尊，还会使孩子背负感情的枷锁，影响心理健康。

所以，在教育孩子的过程中，父母在对孩子的错误做出反应前，不妨先仔细思考一下应该怎样做、怎样说，孩子才愿意改正。因为此时，任何反应，都比不上父母对孩子行为做出的理智回应更能给他带来好的影响。

对父母来说，指出孩子的错误远比肯定他的正确要简单，但孩子需要对自己有信心才能成为一个人格健全的人。所以，父母要抓住一切机会来强化孩子积极的一面。

1. 先安抚孩子

遇到任何问题，父母都应该先关心孩子的身体和心理状态。比如，孩子弄坏了东西，父母首先问："你有没有受伤？""是不开心了吗？"能够使孩子感受到父母真的很爱他，而不是只在乎被他弄坏的物品。

当孩子不再紧张后，父母可以再用平稳的语气问："能告诉我杯子是怎么碎的吗？你有没有被吓到？"这样可以避免孩子因害怕受罚而产生恐惧心理从而选择对父母说谎。

2. 寻找解决问题的方法

在处理问题时，父母可以说："……是很容易碎的/很危险的，这有可能伤到你和其他人。我知道你是不小心/你不是存心的，不过下次你可以……"或者，父母可以说："我看……(陈述事实)，你觉得下次要怎样做才能……？”

比如，孩子摔碎了一个杯子，父母应当温和地说：“杯子不是用来玩的，下次想玩，我给你找……（替代品）好不好？”

温和的语气会让孩子感到惊讶，刺激他产生歉疚，并想要弥补的心理。同时，这也给了孩子思考问题的机会，他会得出结论：杯子不是玩具，玩它可能会制造出许多麻烦，甚至对自己或他人造成伤害，从而决定以后不再玩杯子。

孩子抱怨，先倾听再引导

孩子遇到事爱抱怨，如果父母不愿意耐心倾听，不去引导他消化消极情绪，那么孩子的消极情绪就会越积越多。

场景回放

张莎：“今天的作业太多啦，好烦啊，我又没时间看漫画了！”

妈妈：“你抱怨得再多，作业也不会自己变少。有这个抱怨的时间，你早就写完一半了！”

“怎么写？好多我都不会，根本就不可能写完。”说完，张莎一把扔掉了作业本。

妈妈生气地说："不会你还有理了？上课不认真听讲，下课只会抱怨。"

张莎默默不语，不肯再去碰作业本。

"老师偏心，选了小胖当班长""这道题怎么这么难""妈妈，你做的菜不好吃""爸爸，上学太烦了，我不想上学"…… 爱抱怨的孩子，总是一不顺心就喜欢找别人的原因，遇到困难和挫折也习惯性地去埋怨他人。

而听到孩子抱怨连天、言辞消极，父母心里不耐烦，就会立刻去阻止、批评，或者急于教育孩子去解决问题，但孩子在心情不好的时候根本听不进去任何道理。最后只能不欢而散。

其实，孩子抱怨并不是想要解决问题，而仅仅是负面情绪的发泄。孩子也许是因为压力大，也许是不满父母不关注自己，也许是和同学相处不愉快，也许是在学校受了委屈、不公正的待遇等。当时没有勇气发泄，负面情绪便积攒在心中。为了缓解自己的难过，孩子就会通过发牢骚，指责不相关的事物来宣泄内心的不满。还有些抱怨是因为孩子本身不够自信，不敢直面失败，需要通过抱怨来舒缓内心的紧张。

所以，孩子抱怨时，不适合阻止，更不适合讲大道理。

抱怨、发牢骚代表着孩子的内心积攒了烦恼和苦闷，父母不妨

耐心倾听孩子的抱怨，了解他的烦恼，慢慢开解。

1. 耐心倾听

孩子抱怨，说明他正在承受超过自己承受力的事情。孩子愿意跟父母抱怨，传递的至少是一种积极的沟通信号。父母要珍惜孩子的抱怨，耐心去听，让他们有被尊重的感觉。在听的过程中，不打断、不指责，也不无视不管，否则只会加重孩子抱怨、厌烦的情绪。

2. 帮助孩子分析并解决问题

父母可以站在孩子的立场和角度，帮孩子分析抱怨的问题。比如，孩子上课迟到，对父母说："都怨你早上没把我叫醒，我才会迟到。"父母可以说："你觉得自己早上起不来是因为什么？""告诉妈妈，你昨晚是不是入睡很困难？""你是想要下一次妈妈多叫你几次，直到把你叫醒吗？""要不要妈妈以后提前半小时提醒你上床睡觉？"

3. 转移抱怨的焦点

父母还可以尝试转移抱怨的焦点。比如，孩子说："老师偏心，同样考了 100 分，他只夸奖小胖。"父母可以问："那你觉得自己和小胖有什么不一样的地方？""老师说，小胖这次的卷面很整洁，所以才夸他，如果你想要老师夸奖，那你该怎么做？"

4. 将抱怨的话换个说法

如果孩子经常说"他是个笨蛋！""烦死了""这怎么这么难"之类的话，这无疑会加剧孩子的烦躁情绪。这时，父母对孩子说："你觉得这件事情很难理解？""你的情绪好像不太好，是发生了什么吗？""这道题对你来说是有一定的难度……"虽然只是把过于负面的词语换个说法，但孩子一听，心态就有可能变好一些。

父母只有耐心地倾听孩子的抱怨，并对其进行正确引导，才能逐渐纠正孩子爱抱怨的习惯。

第二章

不吼不叫，让孩子变对抗为合作

大声斥骂和拳脚相加，都不如低声教育效果更好。

低声教育，是给孩子最好的礼物

父母常常为孩子不服管教而苦恼，很多父母会因为控制不住自己的情绪，而对孩子大声斥骂甚至拳脚相加。这样的做法不但无法让孩子认识到自己的错误，还会激起他的逆反心理。相比之下，低声教育的效果更好。

场景回放

妈妈：“看看你把餐桌搞得多乱，赶紧把你的橡皮泥收起来！”

果果开始收拾餐桌上的橡皮泥。妈妈不满地喊：“慢吞吞的，能不能快一点？开饭了。”

果果：“我不正收拾呢吗？”

妈妈：“说过多少遍不许在餐桌上玩橡皮泥，你就是不听！再玩的话，我全给你扔垃圾桶里。”

……

心理分析

无论出于什么原因，被父母大吼大叫，孩子通常有三种反应。第一种是孩子屈服于父母的威势，满心恐惧，大脑一片空白，无暇思考、反省自己的错误，只祈求父母能快点结束这场惩罚。

第二种是孩子被父母激怒，产生逆反心理，他会用同样大的音量来和父母战斗，这时孩子即使知道自己有错也会无暇顾及。

第三种是想办法逃避惩罚。因为孩子在被吼时会感觉到紧张、有危险，大脑会本能地下达“战斗”“逃避”“抵抗”等保护自己的命令。相比于保护自己不受父母伤害，犯错这件事已经是无关紧要的了。比如，有的孩子会根据父母声音的大小来猜测自己所犯错误的大小，以见机行事，免于受罚。

大声吼叫除了激起孩子的愤怒，让父母失控，起不到任何教育的作用。教育的前提是双方都心平气和，低声交谈比高声吼叫能更好地说服他人。

具体来讲，低声教育还有如下优势：

1. 父母声音放低，孩子担心听不到，自然会更加集中注意力于父母说出的内容。

2. 轻声缓语可以使谈话双方情绪更平和，孩子的抵触心理会有所消解，双方的沟通会更顺畅。

3. 低声批评孩子也是一种先发制人，父母先调低谈话的音量，那孩子就不大可能对着父母大吼大叫。另外，父母与孩子沟通时，保持 40 分贝的音量为最佳。

大声训斥只能让孩子越来越抵触，但冷静平和的对话却可以让孩子渐渐打开自己的心扉。所以，父母不妨采用低声教育的方法。

1. 父母表达自己的情绪

当孩子犯错时，父母可以说：“我感到……（情绪），因为……”

父母将自己的情绪表达出来，能让孩子更好地理解他到底做错了什么。这可以帮助孩子学习更多关于情绪的词句，日后用来表达自己的情绪。

2. 告诉孩子正确做法

当孩子犯错时，父母无须批评或一遍遍地说“不许”来阻止他的不合理行为。其实，父母只要把希望孩子“如何做”平静地告诉他就足够了。

父母可以说：“我希望你能……（正确的做法），因为……”这才是促使孩子进步的方法，不要把教育停留在指责孩子的错处上。另外，父母需要梳理好语言，告诉孩子希望他改变的理由，确保能真正地说服他。

3. 用选择项代替命令

为了避免被孩子直接拒绝，父母可以率先询问孩子：“你是想要……，还是想要……？”父母要设置好选项，保证孩子跟着你的思路做出选择。

教育孩子的第一步是要他感觉到被爱、被尊重，而不是徒留被暴力对待后的创伤。低声教育，就是父母送给孩子最好的礼物。

11

孩子不听话，暴力压制不如让他承担“后果”

“不可以”“别动”“不对”……这是许多父母的口头禅，借此来阻止孩子做出可能伤害他自己的举动。但越是这样的暴力压制，越能勾起孩子的好奇心，越容易刺激孩子产生逆反心理。

场景回放

可儿蹑手蹑脚地打开冰箱，不料却被妈妈发现了。

妈妈说：“可儿，把雪糕放下！”

可儿紧紧拿着雪糕，不肯放回去。

妈妈生气地说：“你刚刚已经吃过一个了，再吃会拉肚子的。”

可儿哀求道：“我就吃最后一个，吃了它绝对不吃了。”

妈妈严厉地拒绝道：“不行！”

可儿生气地把雪糕扔到了地上，然后跑回了房间。

心理分析

父母的怒吼训斥，只会让孩子把注意力集中在“父母不许我这非做”上面，而意识不到“我做这件事是不对的”或“这件事会造成什么后果”。

与其一味地暴力压制，不如选择“自然后果教育法”来让孩子自己去了解什么该做，什么不该做。“自然后果教育法”是由卢梭提出的教育方法，指允许孩子犯错，并让他自己承担不良后果，从中总结经验教训。

其实，“自然后果”和“暴力压制”都具有强制性，因为在实行时孩子只能被动接受。但“自然后果”中孩子需要被强制接受的后果与父母无关，孩子清楚是自己的不合理行为导致了这个后果。这样，孩子虽然还是不得不承担“后果”，但这会使他更容易接受。

使用“自然后果教育法”的目的是帮助孩子做出正确的选择。在使用过程中，不要将它等同于“放养”，一定要事先想好这件事是否适用这个方法，毕竟如果孩子不想刷牙，父母让他承担的自然后果也只能是长蛀牙，这就因小失大了。

给妈妈的话术

孩子不听话，暴力压制不如让他尝尝错误的后果，引导他自己做出选择。

1. 事先告诉孩子后果

年幼的孩子对事件的发展是缺乏认知的，他很可能想不到自己做了什么事、需要承担什么样的后果。所以，父母一定要事先告诉他后果。

比如：孩子不想吃饭，父母可以说：“一会儿饿了告诉妈妈，妈妈会给你一些饼干，不过好吃的饭菜和零食就不能吃了。”

父母需要注意的是，告诉孩子后果不是拿后果“威胁”他，阻止他的行为。父母应当尽量使用平缓的语气“告知”孩子这种行为的后果，让孩子在做出选择时有承担后果的心理预期即可。

2. 不过度评论结果

让孩子获得深刻认知的方法就是让他自己体验，只要事情没有发展到不可控的地步，就不要打断孩子的行为，也不要针对结果发表消极评论。比如：“我早就告诉过你……”“你不听我的……现在……”父母针对结果发表带有情绪的评价，只会让孩子把注意力放在如何应对父母上面，那么事情本身对孩子的教育意义就削减了。

父母可以把孩子的行为和后果联系起来，帮他梳理整个事件，让他明白自己的行为与后果是相匹配的、符合逻辑的。

3. 表明态度

对于那些不适用“自然后果教育法”的事情，父母可以在日常互动中用温和的语气，明明白白地表明态度：“我不喜欢……，因为……”比如，孩子一边吃零食，一边写作业，父母可以说“我不喜欢你在写作业时吃零食，因为这会让你分心，还有可能弄脏作业本”。

注意，父母在表达态度时，最好保持身体与孩子接近，在这个基础上进行沟通，孩子会比较容易接受。

孩子犯错误，暴力是最不可取的方法。让孩子自己承担后果，才能让孩子在错误中获得成长。

12

点到为止，让孩子认识到自己的错误

孩子犯错是难免的，很多父母习惯于直接指出错误，然后毫不留情地批评。殊不知，很少有孩子能直面严厉的批评，并坦然接受。有时候，想要孩子认识到错误，父母还是点到为止就好。

家里来了客人，冰冰帮忙拿碗。

“不要一下拿那么多，你拿不稳！”妈妈见冰冰拿了六七个碗，着急地说道。

“没事的。”冰冰毫不在意地说。

结果，没等他走几步，碗就噼里啪啦地掉地上摔碎了。

“你看，摔碎了！说了别拿这么多！”妈妈立即朝冰冰走来。

“……”看着周围的客人，冰冰很尴尬，他想要捡起碎片。

“别动了！再把手给扎破了！你是笨蛋吗？”妈妈大声阻止。

不留情面、语气严厉的批评，虽然具有极强的威慑效果，但会

伤害孩子的自尊。孩子很可能表面顺服，内心强烈不满。“点到为止”，才能让孩子认识并乐于改正错误。

一直奋战在抗疫前线的钟南山院士，小时候有一次把家里给的伙食费偷偷扣下来，拿去买零食吃。这件事被他的父亲知道了，他以为父亲会狠狠地责骂他。但出乎意料的是，一向严厉的父亲把他叫到跟前，只说了一句话：“南山，你自己想一想，你这样对我们、骗我们，到底对不对？”

父亲的话令钟南山彻夜难眠，谎言被揭穿的羞耻和对父母的愧疚一直影响着他，他告诫自己，以后决不能撒谎。

委婉地表达，不直接披露孩子的错误，不仅可以保护孩子的自尊，也能让孩子对错误的认识更加深刻。因为语言的留白能够给孩子更多的反省空间，使他督促自己不再犯同样的错误。

“点到为止”知易行难，面对不同的错误、孩子不同的情绪，父母其实很难把握实际操作的尺度。所以，父母要格外注重沟通技巧，尽量使孩子更容易接受。

1. 巧用暗示法

当孩子犯错时，父母可以对孩子说：“你……（陈述孩子所犯的错误）觉得开心吗？”“你已经懂许多道理了，再好好想一想自己做得对不对。”“我之前也和你一样……（类似的错误），现在想想非常后悔，因为……”

引导孩子认识自己过错的暗示法，除了语言暗示，还有眼神暗示、动作暗示、表情暗示、榜样暗示等。这种方式委婉、和缓，能有效避免孩子的逆反心理，激发孩子的自觉性、主动性。

2. 就事论事，重点分析原因

父母在批评孩子时，要注意只提这次他犯了什么错，尽量不要提及孩子之前犯下的其他错误，因为这样的批评在孩子看来就是借题发挥，他会非常抗拒。况且，有些错误孩子可能已经改正，现在父母旧事重提，很可能激发孩子的逆反心理，破罐子破摔。

3. 告诉孩子如何改正

父母在孩子明白犯错的原因之后，可以给他提出改正的建议。“你如果想要……（错误行为的目的）其实可以……”“要不要爸爸妈妈监督你每天……（改正的行为）？”

点到为止，不但使孩子容易接受，也能避免父母和孩子之间的矛盾激化。另外，父母在批评孩子的同时，不要忘记给他一些鼓励和引导，这样才能有效纠正孩子的行为。

用肯定打破“否定式沟通”

孩子提出要求时，如果父母觉得不合理，往往会用否定句拒绝。“不要”“不可以”“不许”……这些话虽然能立竿见影地改变孩子的行为，但也会让他的负面情绪不断积攒，难以保持正确的行为。

场景回放

楚蒙:“我要这个，妈妈买给我好不好？”

妈妈:“不行！你昨天才买了新玩具，不能再买了。”

楚蒙:“我不想写作业。”

妈妈:“不写作业你将来能做什么，去街上当小乞丐吗？快点写吧！”

楚蒙:“我不要打针！”

妈妈:“别动！不想打也得打。”

心理分析

在日常生活中，父母习惯了对孩子说“不”，以此来警告、阻止他的不合理行为，或者对他发号施令，禁止他做出不符合父母期望的事。于是，“不”这个词在与孩子的沟通中泛滥成灾。当孩子的耳中总是充斥着“不可以”，那他就会陷入迷茫，不知道哪些事情是可以做的。

“否定式沟通”，很有可能只是在增加孩子尝试的欲望和决心，早晚会导致激烈的亲子矛盾和冲突。当孩子不听话，不妨试试把否定式沟通换成肯定式沟通。

小台正在全神贯注地玩乐高，妈妈:“快走，现在要去上书法课了。”小台:“我先把它搭完。”妈妈:“我们得快点，要上课了。”

如此，父母既没有拒绝孩子，也预留了一段孩子想要的娱乐时间。当父母答应孩子的一个要求，然后再给他一个建议时，孩子会觉得自己得到尊重，也就更愿意与父母合作了。

其实，父母完全可以打破“否定式沟通”，换一种沟通模式。很多时候，肯定的句式照样可以表达否定的意思，还不会让孩子感到被控制，也更愿意听从父母的指示。

1. 用“我希望……”句式

“我希望……（正确的行为）”这个句式毫无疑问是正面的，不会激发孩子的抵触心理。最重要的是，当父母表达出“我希望……”时，孩子会把注意力聚焦在正确的行为和话语中所蕴含的正面情绪上。而不是如“否定式沟通”一样让孩子被负面、消极的情绪占据大脑。

比如，父母可以把“你不要丢三落四”换成“我希望你能记住这件事”，把“你不要搞得脏兮兮的”换成“我希望你能保持干净整洁”，把“不许迟到”换成“我希望你准时到达”。

2. 用“好呀……”句式

孩子对于否定的词汇十分敏感，所以父母在拒绝孩子时要避免说出明确的拒绝。而采用“好呀……（拒绝的理由和建议）”的句式，虽然也是在否定和拒绝，但父母先用肯定句式，可以使孩子先获得满足感，这样他“一定要实现愿望”的想法就会消减很多，后续的沟通也会顺畅许多。

3. 用“你可以……”句式

当孩子做错事时，父母不要批评指责，说：“你不能……”而是要先告诉他“你可以……（正确的举动）”，这对于年龄小的孩子来说非常有用。

比如，孩子忘记拿伞，父母可以说："今天会下雨，你可以拿一把伞。"

再比如，孩子把玩具搞得乱七八糟，父母可以说："你可以先把沙发上的玩具装进盒子里，也可以把放在床上的玩具放到箱子里。"如果孩子不肯，父母就可以牵着他的手，和他一起收拾玩具。

约束和限制是为了让孩子更好地成长，所以一定要顾及他的感受。用"肯定"打破"否定式沟通"，让孩子快乐地行动。

14 温柔而坚定，让孩子乖乖听话不再任性

"温柔而坚定"的教育方式受到很多父母的推崇，但不少父母对"温柔而坚定"的理解还停留在表面，将其变成"温柔地控制孩子"，既达不到预期的教育效果，还容易激发孩子的逆反心理。

琳儿："我想要这个娃娃。"

妈妈温柔地回答："妈妈知道你喜欢这个，但是你这个月的玩具额度已经用光了。"

琳儿："我好想要这个，买一个吧，妈妈。"

妈妈："那样妈妈就说话不算数了。你喜欢说话不算数的妈妈吗？"

琳儿开始生气地大哭，不肯离开，哭喊道："我要娃娃，给我买！"

妈妈："你要觉得难过，就哭一会儿吧，我陪着你。"

琳儿见妈妈没有妥协，就不再哭闹了。

心理学博士陈忻在《养育的选择》中指出：在运用"温柔而坚定"这种教育方法时，大多数父母都是在和孩子僵持，然后凭借成人的优势达成自己的期望，稀里糊涂地把"温柔而坚定"演变成了"软暴力"。

"温柔而坚定"这个教育理念本身是没有问题的，它既让父母能充分了解孩子的需求和感受，也能使父母保持冷静和理智，避免纵容孩子。但大多数的父母只是做到了表面上的语气温柔，而行动上却在一味拒绝。

"温柔而坚定"中的"温柔"不是简单地指语气、神情或者其他肢体动作温柔，而是要求父母真正理解孩子的感受，用爱和理解与孩子沟通、合作，而不是居高临下地"纠正"。而"坚定"也不是指寸步不让，而是要求父母守住底线，让孩子明确地知道不能打破的界限在哪里。底线之外坚决不让，底线之内则要有弹性、能变通。

"温柔而坚定"本质上是一种支持，而不是控制或放纵。比如，孩子想买玩具，妈妈可以先耐心地了解孩子的想法，问他"为什么想买”，然后再告诉他为什么不给他买。很多时候，孩子只是临时起意，只要自己的想法被倾听，感受到被尊重，就算被拒绝，也不会产生过于激烈的情绪。

但如果孩子背后真的有某种需求时，父母就要在守底线的同时，尽量满足孩子的需求，和孩子一起商量如何解决问题。根据具体情况，父母可以放弃原本的坚持，做出适当的让步。比如，孩子想要新娃娃，父母得知她是因为旧娃娃玩腻了，那就可以陪孩子给娃娃做一些新衣服，或者买个便宜一点的小玩偶。这样做既坚守了底线，也是在支持孩子，努力满足他的需求。

父母温柔而坚定地和孩子说话，会让孩子感受到你对他坚定不移的爱。

1. 温柔地询问孩子的需求

对于年龄大的孩子，父母可以直接询问，但在面对年龄较小的孩子时，父母要做的就是解读。

比如，当孩子做某事时，父母可以问：“你是想……（父母的猜想）吗？”这时孩子会进一步具体地表达自己的需求，这时父母可以一边复述孩子的话，确认他的需求：“哦，你是想……对吗？”这样说能让孩子觉得自己的需求得到了父母的理解和支持，他的情绪会在第一时间被抚慰好。

2. 用孩子能接受的方式表达

在询问之后，如果孩子的需求触及底线，父母要尽量使用孩子能接受的方式来拒绝。

比如，孩子想要吃糖果，父母可以说："糖果待在袋子里不愿意出来，你看看能把它们喊出来吗？" 父母也可以把糖果藏起来，说："糖果们不想被吃，它们逃走了。如果你愿意明天再吃，它们就会自己回来。"

面对年幼的孩子，长篇大论的说理是起不到效果的。特别是在孩子做出很不妥当的行为时，父母要尽可能地用简洁明了的语句解释，必要的时候可以直接用行动制止他。

"温柔而坚定"是为了让孩子发自内心地理解并愿意遵守规则，而不是要他事事顺从，却缺乏对规则的思考。父母采用"温柔而坚定"的教育方法，最后培养出的一定是温柔而坚定的孩子。

15

专注于解决问题，而不是发泄情绪

孩子做错事，尤其是屡教不改的时候，父母内心的负面情绪就会像火山内部酝酿的岩浆一样喷涌出来，一发而不可收拾。最后，他们甚至已经忘记了为什么要批评孩子，而只是单纯地被内心的焦灼所驱使，只顾昏了头地发泄。

妈妈接玉儿放学回家后，让玉儿去写作业。半个小时后，妈妈发现玉儿连书包都没打开。

妈妈生气地说："让你写作业，你在干吗？"

玉儿慢吞吞地拿出课本，妈妈尽量压制住内心的火气，问："今天什么作业？"

玉儿小声答："不知道。"

妈妈那刚被压制住的怒火"腾"一下又燃起来了："你连作业都不知道，你上的什么学？你都听什么了？"

玉儿小声说："你看看微信，老师说会发群里。"

妈妈一听更来气了，几乎是吼叫着说："你路子还挺多，我就想知道你为啥不自己记作业？"

李玫瑾教授说过："孩子犯错，父母吼叫就是一种行为强化。小孩子只记住了父母的吼叫行为，却没听懂背后的意思，这样再出现类似的情况，孩子仍然会照做，而不是改错。"

被孩子的错误激怒的父母总是被情绪牵制，好像只有骂出来、喊出来，才能解气。哪怕骂完吼完内疚、后悔、自责，但当时就是控制不住。

其实，面对犯错的孩子，父母感到生气的原因无非是三种：第一种是觉得孩子犯的错误太低级，比如孩子都 7 岁了，吃饭还总是洒得到处都是；第二种是屡教不改，比如父母说了很多遍进门把鞋放鞋架上，可孩子就是不听；第三种则是自己见到孩子犯错，火药桶自然就要“炸”。

被气“疯”的父母被内心的愤怒控制，往往就会忘记批评的目的是帮助孩子认识错误、改正错误，而任由内心的负面情绪倾泻而出。

父母专注于解决问题，才能避免被“怒气”控制，避免被孩子气“疯”。

1. 错的假装看不见，对的使劲夸

樊登老师说自己曾养过一条小狗，但小狗总是乱撒尿，打了几次，也不长记性，就送人了。后来，他把这段经历分享给一位驯犬师，训犬师这样说：“不用打，只要狗狗有一次去卫生间，就温柔地抚摸它，夸奖它，聪明的狗狗一次就能记住，一般的狗狗两三次也能记住。”

养孩子其实也是如此。对他的错误，你要假装看不到，而当他做对的时候，要毫不吝啬地去夸奖他。比如，孩子上学总是忘记戴红领巾，你不要批评他，而要在他记住的时候使劲夸他。很快，他就不会忘记了。

2. 使用孩子能听懂的“话”

父母三番五次地费口舌，孩子却无动于衷，表现得像个榆木疙瘩，这最让父母恼火。但父母可能不知道，孩子无动于衷是因为根本没听懂。

很多父母都会把孩子听不懂归罪于孩子，这实在没有什么意义。当你被他的一脸迷糊惹怒，不如想想，换一种孩子能听懂的话进行表达。

3. 不指责，只描述事实

父母通常会越批评越来气，如果孩子再顶句嘴，或者辩解一下，更是火上浇油。最好的办法是不指责，只描述发生的事实。

一位在外地工作的妈妈听说儿子晚自习总是溜出去玩，连夜赶回家找老师了解情况。她没有批评儿子一句，只是说："妈妈上了一天班，接到老师电话，连夜就往回赶，你知道妈妈眼睛不好，一直不喜欢开夜车，怕出意外，所幸昨天平安到了。"

从那之后，儿子再也没有在晚自习的时候溜出去过，忽然变得很懂事。

错误本身会给孩子带来愧疚感，父母的指责反而会把愧疚感抹杀掉，让孩子找理由为自己开脱。如果只描述事实，孩子则会在愧疚感的驱使下，认识并改正错误。

第三章

找到切入点，让孩子和你有话说

万事不离学习，谈话只能无语收场。

16

聊什么都能聊到学习，只会无语收场

本来孩子兴致勃勃地想跟父母分享见闻，父母却总能成功地把话题转向学习，仿佛除了学习之外就无话可说了。这会让孩子感到压力，进而产生逆反心理，谈话只能以无语收场。

场景回放

海阳：“今天篮球比赛，我进了 4 个球，我太帅了！”

妈妈：“你要是能把这点劲儿都用在学习上，考个前三名绝对没问题。”

海阳：“我想买一双运动鞋。”

妈妈：“行行行，赶紧走吧，昨天那个卷子还没做完。”

海阳：“晚点再写吧，小胖约我 6 点半去滑轮滑。”

妈妈：“一天到晚就知道玩，什么时候能主动学习呀？”

……

父母的关注点全在孩子的学习上，无论孩子说什么都能扯到

学习上。孩子说:“我的金鱼死了。”妈妈说:“你作业写完了吗?”孩子说:“我不喜欢数学课。”妈妈说:“你今天上课认真听讲了吗?”……孩子从父母这里感受到的不是爱,是步步紧逼的要求。原本轻松美好的亲子沟通变成了沉甸甸的批斗大会。

父母在意孩子的学习,所以会不自觉地把学习当作谈话的重点。这种谈话目的性非常明显,是一种单方面的灌输,这是孩子最厌烦的沟通模式,教育意义微乎其微,情感交流几近于无。

孩子上学后,与父母的相处时间逐渐缩短,而在学校的学习成为他的生活重心。父母想要关心孩子自然而然地会把话题往学习上靠,有些父母甚至把学习当作孩子生活的全部,觉得在和孩子有限的沟通时间内关心他的学习,就能把握孩子的所有。其实,父母聊什么都能聊到学习,就和其他人一直问你的工作和工资一样,令人厌烦。

不少父母内心也知道自己不该和孩子只聊学习,但又不知道除了学习这个话题之外还能说些什么,就只能一遍又一遍地和孩子强调学习的重要性,询问孩子的学习成绩。结果,只会让孩子感到自己不被信任,进而产生逆反心理。

孩子的大部分时间都在学校度过,他喜欢和父母分享学校的生活,也渴望父母用其他话题来帮自己缓解学习带来的紧张感,体验完全有别于学校的家庭生活。但如果父母把和孩子之间的话题全部变为学习,那孩子其实是缺失家庭教育的,长大之后和原生家庭之间的关系也会越来越淡薄。

有研究发现，聊天一样可以让孩子变得更聪明。“闲聊”不仅可以拉近亲子间的距离，还可以对孩子进行启发式教育。所以，留出一段时间“闲聊”绝不是浪费时间。那么，父母应该怎样和孩子聊天呢？

1. 使用肢体语言

孩子向父母吐槽同学：“露露每次考了100分都要炫耀，还要问别人的分数，真讨厌。”此时，孩子希望父母对自己的话题作出回应，可父母无论是教育孩子不该议论别人，还是和他一起吐槽，都不能算最好的教育方式。那父母应该怎么做呢？

心理学研究发现，很多时候肢体语言能够表达比口头语言更丰富、更贴切的意思，父母不妨耸耸肩或者摊开双手，孩子自然能心领神会。

2. 不说教，多倾听

孩子会主动和父母抱怨学习中遇到的困难：“英语老师讲课好无聊。”“这次小测真难。”这时，很多父母会趁机给孩子讲道理：“学知识都无聊，你要忍得住。”“别人也觉得难吗？你这数学是不是该用点心？”这样回应的结果很可能是，孩子不再愿意和父母分享此类事情，唯恐被逮到机会教训一顿。

所以，父母在和孩子说话前，先告诉自己“现在是要听他讲，不能借此机会表达自己的看法”。如果父母想要了解孩子，那就多倾听，而不是在孩子的回答中搜寻不妥的、可供说教的词句、观点。

3. 不轻易否定

和孩子聊天时，一些父母总喜欢否定孩子。比如，孩子说：“英语课一直背背背，真烦。”父母会说：“别嫌烦，英语就得多背才行。”这么一说，虽然很有道理，能轻而易举地把孩子的抱怨堵回去，但话题也自然而然地被聊死了。父母可以选择顺着孩子的话说：“学英语背单词、背课文确实很累，你是遇到什么麻烦了吗？”保持平静的语调、认同他的感受，可以了解孩子更多的想法和需求。

每一次聊天都是父母和孩子加深了解、互相成长的好机会。父母不该让谈话只剩下学习，阻碍双方搭建连接心灵的桥梁。不谈学习，也许你会发现一个更鲜活、更快乐的孩子。

17

你的心不在焉，正在让孩子闭嘴

当孩子兴高采烈、满怀希望地向父母倾诉、分享趣事时，父母却心不在焉、爱搭不理，或随便应付一下……次数多了，孩子也就慢慢关闭了向父母敞开的心门。

小葭拿着一本书，说：“妈妈，你给我讲故事吧。”

妈妈低头看手机，头也不抬地说：“嗯嗯，好。”

小莨再次央求妈妈：“妈妈，你给我讲故事吧。”

妈妈嘴里说着“好”，却仍然没有抬头。

孩子笑着从学校冲了出来，滔滔不绝地与父母分享学校中的趣事，父母却不耐烦地催促孩子走快点。父母带着孩子去公园玩耍，孩子看看花看看树，想和父母交流自己奇妙的发现。而父母的眼睛则一直盯着手机，对孩子只是随意地“嗯”两声。

面对孩子的需求，很多父母要么完全没有反应，要么只是“哦嗯啊”敷衍了事。也有些家长埋头于手机或者工作，孩子叫几遍都不应声，直到孩子大叫才会不耐烦地看一看。

孩子的失望就是由生活中桩桩件件的事情堆积而成的。一些孩子越来越内向，甚至出现自闭的倾向，就是因为父母忽视了他们的情感需求，没有给他们同等的感情回应。

父母可能会说：“如果我有重要的工作要处理，难道还得放下工作去陪孩子？”或者：“我正在做自己的事情，孩子总是打扰，我不能一味顺着他。”

确实，父母不可能一直围着孩子转，他需要学会等候以及暂时抑制自己的需求。但父母回想一下，孩子说话时，父母有给予他最基本的尊重与倾听吗？有数据统计，七成家庭的孩子都有过被父母疏远、忽视的感觉。对孩子而言，打骂很可怕，而父母的无视也会让他体会到不亚于打骂的疼痛。

长期被父母忽视的孩子，会产生自卑心理。而孩子有过被父母忽视的经历，在遭受痛苦、挫折时，就不会有开导自己的意识，反而会认为自己的负面情绪不值一提。因为习惯了被父母忽视，孩子也不会再产生向他人倾诉的念头，内心便久久地封闭下去，也不再乐意找父母聊天。

时间久了，孩子也会不自觉地模仿父母敷衍的相处方式，从而形成不良的社交习惯，在和别人沟通时不懂得认真倾听，甚至会在未来把这种方式复制到自己的家人和孩子身上……

在《精准回应》一书中，杨杰写道：父母不认真听孩子说话，长此以往，孩子的倾听能力就会弱化。同时，也很难再主动和父母分享自己的喜怒哀乐。

父母耐心地倾听孩子的每一句话，才能真正了解孩子的内心需求，和孩子建立起良好的沟通模式。

1. 等孩子把话说完

很多父母因为有事要忙，经常还没等孩子把话说完，就直接撇下孩子做自己的事，这种刻意的忽略会让孩子非常受伤。父母也许不觉得有什么，但不妨换个场景代入：你正在和上级汇报工作，结果话说到一半，领导转身就走，想想这是一种多么糟糕的体验。

所以，在孩子正在说话的时候，只要不是特别紧急的事，父母尽量推一推，听孩子把话说完。何况有很多事根本没有那么着急，比如碗等一会儿洗没关系，地等会儿擦也没关系，不是重要电话等会儿回过去也没关系。

2. 做出正面回应

当父母非常忙碌，或者已经不耐烦的时候，孩子找父母聊天，父母要做出正面回应，哪怕是“对不起，我现在要……（具体的事情），不能听你倾诉了”。此时父母一定要诚恳地看着孩子，做出正面的回应，让孩子看到你的重视。

如果有急需处理的问题出现，父母可以提前告诉孩子：“我等会儿要去做一件重要的事情，需要离开……（时间）。你可以先……（活动）吗？”“如果妈妈在忙，你有事情和妈妈说，可以拉拉妈妈的手，妈妈说‘可以’你再说话好吗？”

3. 让孩子感受到你在听

在倾听孩子说话时，父母可以用眼神或动作来安抚孩子，让他感受到你有认真地听他说。父母要放下手边做的事，蹲下来用眼睛平视孩子，或者带孩子坐好，使他能清楚看到父母的面部表情和神态。在孩子说话停顿时，父母可以说“是么”“接着呢”“确实”“这样啊”等来表示自己接收到他的话语中的信息，而“嗯”“哦”等词父母要尽量避免。同时，父母可以用点头、微笑等动作来让孩子知道你把他的话听到心里去了。

父母怀有足够的耐心、尊重，认真地倾听孩子说话，会给孩子带来积极的影响。

18

不问封闭式问题，开放式提问让孩子打开话匣子

所谓封闭式问题，就是可以用简单的“是”“不是”或者“有”“没有”来回答的问题。在面对这类问题时，孩子只能做出选择，却很难打开思维空间，深入思考。想要与孩子有更深入的交流，让孩子更快地打开话匣子，就要学会“开放式提问”。

场景回放

包子津津有味地看着一群鸽子，妈妈问他：“在看鸽子吃东西吗？”

包子：“是。”

妈妈想让包子多说一些，继续问：“你想不想看鸽子飞起来呀？”

包子：“想。”

妈妈深吸一口气，接着说：“那我们要不要买些饲料，引鸽子飞过来？”

包子点点头：“好。”

封闭式提问，显然只适合年龄较小、语言和沟通能力不成熟、只能做出简单判断和选择的孩子。如果孩子已经具备一定的语言能力，封闭式提问往往会使孩子感到枯燥、压抑，丧失表达的兴趣和积极性，很难有更多的信息交流。而与封闭式提问相对的开放式提问，则可以引发孩子的思考。

所谓开放式提问，就是没有固定答案，不受常规限制，既能促进孩子想象、思考，又要求孩子搜寻、总结过去的生活经验，加以分析，然后进行回答的提问方式。孩子通过回答开放式问题可以从多个角度了解事物，形成各种奇思妙想。这种提问方式能够在一定程度上提高孩子回答的兴趣，锻炼其语言表达能力。

比如“小鸟为什么能飞呢？”“你最喜欢哪一枝花朵？为什么树叶落了？”“你喜欢吃榴梿吗？为什么？”这类需要判断、分析的问题，可以使孩子更好地理解概念，说出自己的判断和想法。

因为开放式提问的答案可以是各种各样的，不同的孩子可能会给出不同的观点和答案。这类问题或许更适合年龄大一点、已经具备了一定的独立思考和语言组织能力的孩子。如果孩子不喜欢表达，那么父母采用开放式提问，就能和他们进行更深入的交流。

但如果仅仅是被问到一些简单的问题，比如“这是什么？”“这是什么形状的？”孩子只需要搜寻他已经掌握的词汇来回答，这既不能让孩子学到新东西，也不能引导他说出更多的内容。所以，在开放式提问中，父母要更多地问“为什么”“怎么办”这样的问题，让孩子能充分地利用自己的语言储备来回答。也就是说，相比问孩子“大海是什么颜色的？”不如问他“大海为什么是蓝色的？”这种问题能使孩子多多思考、想象，学会更多的表达方式。

需要注意的是，可以尽量避免问过于简单的问题。如果孩子轻易就可以说出答案，也就没有思考、倾诉的兴趣了。当然，也要避免问得太深，导致孩子绞尽脑汁也想不出来，产生挫败感。

那么，父母应该如何问好开放式问题，帮孩子打开话匣子？

1. 提出具体的问题

如果父母问孩子：“今天过得怎么样？”“都学了些什么？”年龄较小的孩子可能说不清，也搞不明白他“过得怎么样”“学了些什么”，这些问题太抽象，会让孩子很难理解。

所以，父母不妨问孩子一些具体的问题。比如“今天有什么让你高兴的事情吗？”“你和谁做游戏了？”“做了什么游戏？”“和你一起玩的都有谁？”这样明确地告诉孩子他该朝哪个方向寻找答案。

问题具体，孩子自然有话可说，而具体的问题能帮助孩子仔细回忆，调动起他的思维。久而久之，孩子就能主动向父母娓娓讲述了。

2. 按逻辑顺序提问一件事

开放式问题能让孩子掌握聊天内容的主导权，锻炼他的思维模式。所以，父母在提问时，不妨先明确提问的逻辑，引导孩子按逻辑思考。

比如，当父母就一件具体的事情向孩子提问时，可以先问："今天有什么让你觉得……（情绪）的事情吗？"接着，父母询问孩子的想法："你为什么觉得这件事情能让你……（情绪），能说一说原因吗？"然后，进一步询问孩子的真实想法："能告诉我你……（做法）是出于什么目的吗？"最后，请孩子做出总结："你觉得再发生一次的话，你可以做得更好吗？"

3. 适合不同年龄段的问题

不同年龄段的孩子的理解和语言表达能力不同，父母可以根据孩子的具体情况和兴趣进行提问。比如，对学龄前的孩子，父母可以问："最让你开心的事情是什么？""能告诉我你最好的朋友长什么样子吗？""你说晚上太阳公公去哪儿了？"这些偏向描述和想象的问题，不考验孩子的语言储备，可以让孩子畅所欲言。

对于学龄上下的孩子，父母可以问一些个人见解，比如："你觉得作为一个好朋友，要为朋友做些什么？""你觉得爸爸适合穿什么风格的衣服？怎么搭配？""今年旅游你想去哪里？为什么？"

父母对孩子提问，最好站在和孩子同样的角度引导他交谈，无须客观、理性地评价他的答案，否则他的表达欲望会顷刻间荡然无存。

父母对孩了提出开放式问题，打开孩子的思维和话匣子，让他积极主动地进行思考，也达到了培养孩子思维能力的目的。

19

跟着孩子的兴趣走，让他更有说的热情

孩子不爱和父母说话，也许并不是他不想说，而是你聊的话题他不感兴趣或者触及他的知识盲区。父母多跟着孩子的兴趣走，说他想听的，勾起他聊天的热情。

场景回放

耶鲁大学威廉·费尔浦斯教授在他的散文《人类的天性》中记录了这样一件事：8岁时，有个中年人慕名来拜访莉比姑妈，但姑妈对他不太感兴趣。这位先生和姑妈寒暄过后，就把注意力转向威廉。

当时，威廉正在全情投入地玩模型船，先生就和他讲了许多关于船只的事。先生讲得十分有趣。他走后，威廉恋恋不舍，一直对着姑妈赞美他。

姑妈却告诉威廉："他是一名律师，不可能对船只感兴趣。"

威廉有些困惑："那他为什么一直和我谈论船只呢？"

姑妈说："因为他是个有风度的绅士，看你喜欢船只，为了让你开心，喜欢上他，当然要这么说了。"

很多父母在和孩子聊天时，会犯一个常见的错误——选择自己感兴趣的话题，而不是孩子感兴趣的。孩子对话题毫无兴趣，就算父母再热情主动地跟孩子聊天，孩子也不可能和父母聊得热火朝天。

著名主持人蔡康永说过："聊天时，每个人都想聊自己。"父母要克制住"聊自己"的欲望，找些孩子真正感兴趣的话题来聊，让他觉得爸爸妈妈懂自己，那么他倾诉的欲望就会被勾起，父母也就不会和孩子强行尬聊。

父母要学会把话题的主导权交给孩子，跟着他的话题走，让他能有机会告诉父母他热爱的事情。这才是孩子喜欢的谈话模式。

聊天是双方的互动，一旦一方对话题不感兴趣，就会很明显地表现出消极态度，要么敷衍了事，要么沉默以对。这时，谈话的气氛自然就会越来越尴尬。所以，会聊天的父母会照顾孩子的兴趣，而不是只说自己想说的。

不同的孩子感兴趣的事物也各有不同：游戏、动画、明星、音乐、电影、小说、运动……父母经常和孩子聊这些他喜欢的事，孩子会觉得父母是关注他、想要了解他的。这不仅能拉近彼此之间的关系，让孩子更愿意和父母说话，还能在一定程度上保证孩子兴趣的良性发展。

很多孩子觉得：爸妈不可能理解我感兴趣的事物，聊也聊不到一

起。所以，父母需要消除孩子的“刻板印象”，找准孩子的兴趣所在。

1. 了解孩子的兴趣所在

父母想要了解孩子对什么感兴趣，只能日常多观察，多找话题，挨个试探。大多数孩子会对自己擅长的学科或领域比较感兴趣，父母可以从这方面入手。另外，父母也可以从时下热门话题切入，其中包括八卦、热点、科技等等。

父母要注意的是，在试探的过程中，一定要细心观察孩子的反应，一旦他对某个话题表现出不感兴趣，就要立刻停止，避免孩子感到厌烦。

2. 让孩子主导话题

当父母找到孩子感兴趣的话题时，孩子刚开始谈兴很浓，这时父母就要趁机让他主导话题。“今天小胖……”“这个演员……”“火星……”无论孩子说了什么，父母都马上表现出浓厚的兴趣：“是吗……”“原来是这样啊，那你说……”

另外，父母假如不够了解孩子的话题，可以一边通过孩子了解，一边自己做功课，争取多了解一些。比如：孩子对《三体》感兴趣，父母就可以读小说，上网搜索相关资料；孩子对动漫感兴趣，父母就可以找插曲、人物海报、声优专访和孩子分享。

3. 对孩子喜欢的事物不泼冷水

很多孩子喜欢的事物，也许父母不但不感兴趣，还持有明确的反对态度。比如，孩子滔滔不绝地说着某手游，父母就算反感，至少也要做到不泼冷水。如果指责孩子“整天就知道游戏，你能说点别的吗？”那么孩子一定不愿意继续聊下去。

父母不妨听完孩子的话，去了解、接纳，然后再尝试让孩子将痴迷程度控制在一个合理的范围内。

父母只有找准话题才能打动孩子的心灵，让他愿意接纳你，和你保持良性沟通。

适合睡前和孩子聊的话题

如果父母苦恼于白天要和孩子各忙各的，以至于彼此之间缺乏交流，那不妨和孩子在睡前聊聊天。

夜幕降临，妈妈走进可可的房间，递上一杯牛奶，然后笑着问她："宝宝，今天有遇到开心的事情吗？可以讲给妈妈听吗？"

可可："小胖送给我一颗很好吃的糖，是可乐味的。"

妈妈："可乐味？听起来好特别呀！"

可可："嗯，可好吃了。妈妈，我也想送小胖礼物。"

妈妈："好啊，你想送什么？"

可可："我想……"

忙碌的父母能留给孩子的时间少之又少，也不知道怎样才能给他高质量的陪伴。其实，父母只需利用睡前的半小时、十几分钟和孩子聊聊天，他就会很满足。有心理学家指出，在晚上睡前这段时间，孩子会对父母产生一种本能的需求，渴望父母的拥抱，想要和父母说说悄悄话。

科学家研究发现，“夜晚是人类的记忆高峰期”，而心理学则证明晚上孩子格外需要父母的陪伴。所以，睡前是亲子沟通最适合的时间，如果父母愿意在孩子需要的时候陪他聊天，关心他的内在感受和需求，不仅能拉近双方关系，还能给孩子带来安全感。

不少父母会利用睡前时间进行亲子共读，那不妨在阅读之后，顺着这种亲密又温馨的气氛，跟孩子聊聊他一天的见闻、趣事。

和年幼的孩子聊天，他很可能说得前言不搭后语、断断续续，但当父母走进他的世界，就会知道其实孩子很容易满足、快乐。看到草地上有蒲公英、老师表扬他吃饭香、爷爷给他做了盏小桔灯……很多微不足道的小事都能让他们乐颠颠地过上一整天。而这些小小的欢乐和欣喜会传染给父母，让父母感到轻松和安宁，化解辛苦一天的劳累和烦闷。

心理学家苏珊·哈特认为，父母对孩子年幼时的积极关注是他一生身心健康的基础。而睡前陪孩子聊天，就是给予关注的最简单的方式。父母只需挪出一小段时间，和孩子漫无边际地说说话，哪怕是一些无聊的废话，只要能保持真诚、平等的态度，维持住轻松的谈话氛围就可以。

甚至父母都不需要找什么话题，想不到要说什么，就问一问孩子想知道、想倾诉些什么，然后跟着他的话题说下去就好。这世界上的许多东西对孩子而言都是新奇的，所以只要父母不介意孩子稚嫩的语言和想法，就能和他谈天说地。

据心理学家研究发现，孩子在入睡前的最后一个想法如果充满情感和视觉景象，那这些就很可能变成他做梦的素材。一些愉悦、轻快的话题，能让孩子怀着愉快的心情入睡，做一个香甜又踏实的梦，一觉到天明。

那么，在睡前，适合和孩子聊哪些话题呢？

1. 多夸赞孩子好的行为

有一位爸爸睡前是这样和儿子说的："小宝，我要表扬你，今天按时起床，都不需要爸爸叫了。"小宝："爸爸，我还能自己穿衣服呢。"爸爸："原来你这么厉害啊！那明天你愿意自己穿衣服吗？"小宝："我考虑考虑。"爸爸："那爸爸亲亲你，能干的小宝同意吧。"小宝答得飞快："那好吧！"第二天，小宝果然自己穿好了衣服。

睡前多夸赞孩子的行为，不仅能让他心情愉快，还可以利用这段记忆高峰期帮助他强化这些行为，养成良好的行为习惯。

2. 和孩子分享趣事

朋友之间可以分享秘密，父母和孩子之间也可以分享有趣的事情。有趣的事情可以是父母小时候的经历，孩子小时候的故事，其他熟悉的或不熟悉的人的事情。父母和孩子一起聊很多有趣的事情，从而加深彼此之间的了解。

父母的每一次分享都能吸引孩子靠近、认同爸爸妈妈，久而久之，孩子会把父母看作自己的朋友，愿意将自己的烦恼和疑问通通向你诉说，你也能更好地帮助孩子。

父母可以在周五、周六的晚上晚一些入睡，和孩子尽情聊聊那些珍贵的、有趣的小事。养成习惯后，孩子渐渐就会习惯和你漫无边际地胡扯，倾诉欲压都压不住。

年幼的孩子，最需要的就是安全感和爱，如果每晚睡前能有父母陪在身边说说笑笑。那么，这将会是他一生的宝藏。

21 和孩子一起“异想天开”

年幼的孩子都喜欢幻想，父母不妨鼓励孩子畅所欲言，和他一起“异想天开”。这样，孩子自然愿意对着你滔滔不绝。

妈妈：“枝枝，牵好妈妈的手，我们准备过马路了。”

枝枝：“妈妈，车好多，我们再等一等吧！”

妈妈：“已经是绿灯了，看，车都停下来了。”

枝枝：“要是它们突然冲过来呢？”

妈妈：“那怎么办呢？”

枝枝：“要是建个传送带来送我们过马路就好了。”

妈妈：“传送带？听起来很厉害，那传送带长什么样呢？”

……

年幼的孩子都有些奇妙的点子、神奇的想象，如果父母表现出兴趣和赞赏，与孩子一起“异想天开”，他就会更加积极地诉说那些幻想和假设。但是，有些父母难以摆脱传统的思维和说话语气，认为小孩子就是在胡思乱想、不切实际。比如，孩子说：“我要河水变成热巧克力，房子全都用棉花糖来建，星星都要变成五颜六色的糖果。”父亲回道：“你就是说破天，今天也只能吃一颗糖！”孩子的奇妙幻想被掐断，转而是无情的现实。

再比如，孩子指着树上的苹果说：“哇，好大的草莓。”父母：“那是苹果。”孩子一本正经：“它是草莓们派来的奸细，我以后就叫它莓苹果！”父母：“你是不是傻？连苹果、草莓都分不清！谁家草莓长在树上啊！我告诉你，苹果就是……”然后，孩子就再也不想和父母说自己的想法了，因为父母既严厉又不许他有自己的想法。

孩子最爱幻想，也最富有想象力。父母陪孩子一起“异想天开”，只需要稍加引导，孩子自然就可以打开话匣子。

1. 从生活找切入点

父母不妨从生活中的事物，找寻开启谈话的切入点。这样，孩子的想象和发言也能更贴近生活。

比如，父母可以说："小狗如果长了翅膀会怎么样？""如果你变成小猪佩奇想要干什么？""如果你的房间没有窗户会怎么样？"等等。

生活中，各种事物都可以使孩子浮想联翩，只要父母有时间，随时随地都可以和孩子展开一场"异想天开"的谈话。

2. 故事接龙

父母可以和孩子玩故事接龙，一起编故事。故事情节如何、编到哪儿，都不重要，重要的是孩子能接上。

比如，父母说："有只小猫出去散步，遇到一只小狗。"孩子接着说："小狗嘴里叼着一块红烧肉。"父母说："小猫很想吃小狗的红烧肉，对着小狗喵喵叫。"孩子接道："小狗觉得小猫很可爱，想把红烧肉分给小猫吃。"父母接道："可是，小狗想起大狗的叮嘱，红烧肉是送给狗妹妹的礼物……"

3. 运用比喻和联想

父母还可以运用比喻、联想，来和孩子一起"异想天开"。比如，和孩子一起吃饭时，父母可以说："你的肚子里有一个游乐园，豆角、排骨和白米饭都排着队要到游乐园里玩。"孩子睡前，父母可以说："今晚，美梦小精灵会和你一起玩。你的梦里会有些什么呢？冰激凌、红烧排骨、最新的漫画……"

陪孩子"异想天开"，开启一段五彩斑斓的梦幻之旅，是留给孩子最美好的记忆。

第四章

别再说『你真棒』，正确的鼓励让孩子变得更好

肯定孩子的努力，让孩子描述努力的过程。

肯定孩子的努力，而不是夸孩子聪明

不少父母都喜欢对孩子说“你真聪明”，但这种夸奖孩子天赋的话，并不能真正激励孩子。

进入小学后的第一个期末考试，阿秋几门学科都考了100分。妈妈心花怒放，不停地念叨：“阿秋真是聪明，第一次考试就考了第一名。”

其他人听她这么说就附和：“是啊，阿秋这孩子打小就聪明。”

阿秋也觉得自己很聪明，不愿再努力学习，结果第二次考试只勉强及格。

妈妈非常失望，说：“老师说你脑子好使，就是不肯脚踏实地地学习。”

赏识教育绝不是赞扬加上激励。而是通过赏识行为来强化好的行为，引导孩子向好的方向发展。肯定孩子的努力，让孩子得到父母的夸奖后产生自信，才有劲头付出更多努力。而一味夸赞孩子聪明则很可能导致他裹足不前。

夸奖孩子的努力，会使他产生一种掌控自己的感觉，孩子会觉得结果由自己决定。反之，夸奖孩子聪明，孩子就会觉得事情的结果不受自己控制。这样，面对失败的结果，他只能被动接受。由此可见，肯定孩子的努力有助于培养成长型思维，让他相信自己的能力是可以提升的，以一种更加积极的态度面对困难，同时也感受到自己的努力是被尊重的。

所以，当孩子做好家务后，父母不妨对他说“辛苦了，打扫得真干净”。当孩子拿到一个不错的成绩，父母不妨把“考得这么好，真是太聪明了”换成“考前，你每天都认真复习，这个结果是你努力换来的”。

看到孩子的努力并加以肯定，这才是孩子所期待的表扬。哪怕有不足，孩子也会愿意通过努力去改善。

在肯定孩子的努力前，父母可能需要先调节自己的心态，不过分在意自己的孩子是否足够聪明、做得够不够好，多关注他是否愿意努力，潜移默化地让孩子明白：聪明很重要，但努力更重要。

1. 再小的进步也值得肯定

与同龄优秀的孩子比，孩子可能方方面面都差强人意。但与昨天的表现比，孩子总会有一些进步，发现它，肯定它，就能给孩子注入无穷的动力。

齐齐考了 82 分，很沮丧地回到家。

妈妈问："你上次考了多少分？"

齐齐说："78 分。"

妈妈说："比上次多考了 4 分。"

齐齐说："是，可是本来我能考 85 分的，有一道题我算对了，抄写的时候抄错了。"

妈妈说："那是有点遗憾，但我觉得多了 4 分，也是很大的进步，也值得庆祝一下。"

齐齐眼睛一亮，开心地说："真的吗？那下次，我想进步 10 分。"

以前孩子数学成绩不及格，现在及格了；以前孩子因为识字少读文章总是磕磕巴巴，现在能借助拼音流畅地读完；以前孩子见人就躲，现在能礼貌地打招呼了……只要善于发现，总能看到孩子身上点点滴滴的进步。也许看起来微不足道，但却是孩子努力的结果，值得父母大力赞赏。

2. 让孩子描述努力的过程

父母可以通过提问的方式，让孩子讲述他努力的过程。比如，孩子生字听写全对，可以问孩子："这么多生字，你是怎么练习的？"或者"你练习了多久？"在父母的引导下，让孩子细数自己都做过哪些努力，这样可以强化努力的行为。

3. 关注孩子努力的过程

关注孩子努力的过程，才能让孩子认识到，想要好的结果，必须付出足够的努力。

比如，孩子为弄懂科学问题，查阅了很多资料，父母可以说："查了这么多资料，花了不少时间吧？"再比如，孩子为解决一道数学题目，尝试了好几种解题方法，父母可以说："想了这么多解题思路，看来你的脑子一直在转。"

父母让孩子看到努力的价值，孩子才能在遇到困难时看到希望，不吝惜努力。

对孩子说出你的合理期望

每当父母说起对孩子的期望时总能滔滔不绝。爸爸期望孩子出国留学，成为社会精英，妈妈期望孩子将来能就近找一份安稳的工作，在自己身边结婚生子……父母对孩子有所期望是可以理解的，但如果期望本身不合理，未来也许会事与愿违。

场景回放

小沈把试卷递给妈妈看，妈妈皱起眉头问："怎么就考了98分？"

小沈："有道题算错了。"

妈妈："老师说今天小测你们班一半的同学都考了100分，是不是这样？"

小沈："是。"

妈妈：“为什么你做不到？”

见小沈不吭声，妈妈怒上心头：“这样下去，你将来怎么和那么多人竞争，考上好的中学和大学……”

心理学中有一个倒U型假说：只有适中的压力才是激励孩子的动力，而过大的压力会阻碍孩子发展，给孩子造成一连串的情绪或心理问题。

承受着高期待的孩子会感到焦虑，这种持续性的焦虑可能会挫伤他的自尊心与自信心，发展成紧张不安、恐惧害怕。这种令人不适的状态，会让孩子本能地选择逃避。

心理学家伊莎贝尔·梅嫩德斯认为，当父母的要求越来越多，就会给孩子带来压力，而当他进入青春期，处于中学这个最艰难的时间段，很有可能会陷入危机，因为他累了，而累了就可能选择反叛。这也是为什么不少孩子会在中学期间和父母频频爆发争吵和冲突。而有些孩子因为长期只能处于被动状态，渐渐就什么都不在乎了，甚至出现难以抑制的难过、灰心和挫败等抑郁倾向。

最理想的期望是孩子努力一把后就能实现的，因为目标太高会使孩子望而却步，而目标太低容易催生惰性。美国心理学教授洛克认为，给孩子设目标要像打篮球一般，孩子力量小，无法把篮球投高，那就把篮筐设低，让孩子跳一跳就能够得着，恰当的高度才能激发孩子的潜力和积极性。等孩子水平提升，力量增强，再把篮筐逐渐升高。

最了解孩子实力和承受能力的只有孩子自己，所以，父母在说出合理期望后，可以和孩子好好探讨一番，得出双方都满意的目标。

1. 征求孩子的意见

父母在征求孩子的意见时可以说："我觉得你……（目标）会……（实现目标的收获），不过这需要你……（实现目标需付出的努力和牺牲），这样你愿意吗？"

父母给孩子一个明确的、可以努力的方向，客观地帮他分析利弊，最后再征求意见。如此，孩子就会觉得父母是尊重他，为他设身处地考虑过的，这能在一定程度上降低孩子的抵触心理。

2. 给孩子提供实现目标的方法

当孩子迟迟不能实现目标时，父母不妨给孩子一些可行的建议，在孩子同意的情况下督促他实行。比如："你想……（目标），不如试一试……（方法）""我觉得你可以……（方法），我们一起试一试好不好？"

父母可以和孩子一起调整方法，不仅能让他感受到他不是在孤军奋战，还可以提高效率，让他尽早体验到实现目标的感觉。

合理的期望才能成为孩子进步的动力，父母说出自己的合理期望，和孩子一起进步吧！

描述性的赞赏，越具体越好

很多父母喜欢夸孩子“你好棒”“你真懂事”“你真乖”，但这些空洞的夸奖即使你没有说腻，孩子也早就听腻了。

场景回放

小陆踩着块抹布在地上滑来滑去，说：“妈妈，我帮你擦地。”

妈妈高兴地说：“宝宝懂事了，你真棒！”

说完，妈妈就去做饭了，而小陆见没得到进一步的夸奖，也扔下抹布离开了。

心理分析

父母不考虑实际情况，笼统地、含糊不清地夸奖孩子，有可能养成孩子骄傲的性格。这也容易养成孩子对他人夸赞的依赖性，过分渴求他人的夸赞，只有在得到夸赞的情况下才会有所行动，如果没有夸赞，行动的积极性也会瞬间消退。

其实，诸如“你真棒！”“不错！”“你好厉害！”这些笼统的赞赏只能给孩子带来短暂的满足。当孩子在和别人比较后，发觉自己根本没那么厉害时，产生错位感，怀疑父母表扬的真实性，从而不再信任父母。

大多数孩子则会在欣喜过后生出不安，进而担心下一次的表现。这样一来，孩子努力的积极性就会被破坏，甚至为了减轻内心的负担，会故意表现得差些，或者做出不妥当的行为。

心理学家海姆·吉诺特博士认为：有益的赞美由两个方面衡量，一是用赞赏的语气描述所看到的和所感受到的，二是孩子听完描述后能够赞赏自己。比如，妈妈看到小严把玩具收拾整齐，就说："妈妈看到你把毛绒玩具都摆在床边，把绘本放到书架上，把小汽车放进箱子里，房间变得好整洁啊。"父母的描述性赞赏越具体越好，因为当父母把孩子做好的每个细节都一一描述出来时，他会感受到父母有在关注他做了哪些努力，感觉到自己被尊重。父母说得越具体，孩子就越有成就感，也会变得更自觉，会有意识地表现得更好。采用具体的描述性赞赏，不仅会提高孩子行动的热情，还会让他认识到自己的每一个行为所蕴含的价值，他会在理性思考后，有意识地做得更好。在这样的赞赏中，支撑孩子前进的就不仅仅是对父母夸奖的渴望，还有理智的驱使。

1. 在肯定中加一些猜想

父母在给予孩子肯定时要尽可能地具体，但父母不可能盯着孩子的一举一动，所以在进行描述性赞赏时，父母可以适当加一些猜测。

比如，孩子考试成绩提高，父母可以说：“我看到你这两周一直都有认真完成作业，还整理错题和写课外练习册。我猜在学校你也一定付出了很多努力，这次考得好离不开你的坚持和刻苦……”

2. 根据不同的事情进行表扬

不同情景下孩子值得表扬的点也不一样，父母要根据不同的事情进行表扬。

比如，当孩子第一次上台演讲时，父母可以告诉孩子：“你很勇敢，战胜了内心的恐惧和紧张，你站在台上的样子帅呆了！”

或者，孩子拿出不那么好的手工作品给你展示时，父母可以说：“这个颜色搭配很有想法，如果把这里涂成黑色，会不会更好一点？”

需要注意的是，父母不能为了赞赏就只说好话，给出客观评价和具体意见也是一种认可和赞赏。

3. 把值得赞赏的行为总结为一个词

《怎么说，孩子才会听；怎么听，孩子才肯说》的作者阿黛尔·法伯和伊莱恩·玛兹丽施认为，正确的描述性赞赏不仅要描述你的所见和感受，还要把孩子值得赞赏的行为总结为一个词。比如：“你一个人玩了两小时的乐高，真的很专注/有耐心/能坚持……”

总结的词汇要灵活、精准，最好能让孩子学到一个从前不知道的词汇，让他对自己的行为有一个崭新且准确的认知。

父母不厌其烦地观察、描述、赞赏孩子细微的举动，能够不断增强他们的内在力量。你会发现他可以把房间打扫得干净整洁，待人彬彬有礼，面对问题能灵活应变，也更加重视细节。

25

多多示弱，请孩子来帮忙

很多父母习惯帮孩子打理好一切，结果孩子什么都不会做，也体谅不到父母的辛苦。针对这种情况，父母不如多多示弱，请孩子来帮忙。

有一次，家庭教育专家卢勤抱着三岁的儿子上公交车，她装作腿软上不去车。

儿子问："妈妈，你怎么了？"

卢勤说："妈妈下乡插队时，摔坏了腿，抱着你上不了公交车。"

儿子闻言连忙挣脱妈妈的怀抱，不让妈妈抱了。

从此以后，卢勤的儿子再也没让她抱着上公交车。

"父母强势、孩子弱势"的相处模式，容易让孩子感受到自己的弱小、无能，增加孩子的消极体验，形成自卑、懦弱、依赖父母的性格。

知名教育专家兰海说："当孩子面对无所不能的父母时，他只有两个选择：一个是向父母学习，追求完美，难以忍受自己的缺点；另一个就是不再做任何事，因为父母什么都能做。相反，如果父母在孩子面前有那么一点不靠谱、软弱，孩子就会变得宽容、坚强，主动地、努力地替父母遮风挡雨！”

父母偶尔告诉孩子“我做不到，请你帮帮我”，他一般是不会拒绝的。而且，当父母对孩子的帮助以及他做出的努力表示认可和感谢时，孩子感受到父母是需要自己的，这能帮他找到自己的存在感，学会认可自身价值，进而会情不自禁地生出一种使命感，愿意在父母需要帮助时提供更多的帮助。

父母如果担心孩子做不到，不妨先找一些容易完成的任务来试水，给孩子创造锻炼和表现的机会。在请孩子帮忙的过程中，可以有意识地引导孩子学习做事的技能，积累做事的经验。

一些父母为了得到孩子的尊敬和崇拜，会刻意营造出无所不能的形象，但这会让孩子失去很多学习的机会。

学会示弱，让孩子知道父母不是无所不能的，也需要自己的帮助。这不仅能提高孩子做事的能力，还能培养责任心。那么，父母如何在孩子面前示弱呢?

1. 表达“我不会，怎么办？”

在日常生活中，父母可以适当地假装困惑，让孩子觉得爸爸妈妈也有做不了的事情，这能激发他的求知欲，让他积极地面对问题，寻找解决办法。

比如，父母新买了一件家电，可以问问孩子："这个我不会用，该怎么打开？"这样，父母既让孩子知道了正确答案，也锻炼了他寻找答案的能力。

父母还可以在孩子面前表现得很无知，比如，过红绿灯时，父母可以问一问孩子："红灯亮了，我们是不是可以走了？"然后趁机引导他复习一遍交通规则并提高交通安全意识。

父母的疑惑和茫然无措会激发孩子的求知欲和保护欲，是培养孩子思考与实践能力的绝妙法宝。

2. 表达"我不如你，教教我"

孩子虽然年幼，但他也有很多父母不擅长的能力，比如感知力、想象力、记忆力、学习能力等。父母善于发现自己与孩子之间的差距并示弱，更容易激发孩子的自信。父母可以这样对孩子说："你已经可以……我像你这么大的时候还做不到。""你是怎么做到的……还是你……（头脑灵活 / 手脚灵活 / 观察力敏锐等）"

在大多数情况下，孩子发现父母不如自己时，在增长信心的同时也非常乐意带着父母一起进步。父母向孩子示弱、求助，有利于增强整个家庭的学习氛围。

3. 表达"我搞不定，你得自己来"

如果孩子不接受示弱，那么，父母可以通过示弱表示"我搞不定你的事情"。

比如，孩子依赖父母帮自己整理书包，父母可以装作束手无策："我不知道你整理书本的习惯 / 我找不到你的橡皮……书包还得你自己整理。"父母也可以在整理书包时故意落下一两件东西，让孩子意识到父母真的不会做事，只会惹麻烦。

这样的话，父母再提议由孩子亲自做，他就会比较愿意。父母鼓励孩子坚持下去，他就会逐渐减少对父母的依赖。

当孩子帮助你之后，不要忘记肯定孩子的努力，感谢他的付出。当孩子发现自己的价值后，他会越来越积极主动地“帮”父母。

最好的鼓励是“我相信你”

著名教育家陶行知先生深刻指出，教育孩子的全部奥秘在于相信孩子和解放孩子。给予孩子信任，是给孩子最好的鼓励。

场景回放

爸爸：“老师说你和几个男生关系要好，影响了学习。”

小逸大叫：“我没有！”

爸爸：“那你做了什么？”

小逸：“我不过是在自习课上，帮他们传了几张纸条。”

爸爸：“哦，这其实没什么，我小时候也干过这个事。老师可能是误会了。”

小逸:“他冤枉我。”

爸爸:“我相信你说的是事实。你们现在处于青春期，说实话，我和老师一样会担心你们早恋。”

小逸:“才不会。”

爸爸:“和男生也可以做朋友，你能处理好和他们的关系，对不对？”

小逸:“嗯，我不会再让老师误会了。”

苏霍姆林斯基在《要相信孩子》中指出:不管是孩子的天性，还是在后天成长中，他对信任的需求都是迫切且不可或缺的。来自父母的信任可以让孩子体会到自我价值和自尊的存在，给他一种归属感。“我相信你……”这句话可以给孩子的内心注入非凡的力量。

孩子的“认识”“思想”“自我感知”，很大程度上会受权威，尤其是父母权威的影响。孩子的自信和动力本质上是来源于父母对他的积极态度。父母的信任，内化进孩子的心中，就是“自信”以及源源不断的动力。

爱因斯坦小时候，周围的人都问:“这孩子怎么总是一个人发呆？是不是有问题？”他的母亲却说:“我的孩子没问题，他不是在发呆，而是在沉思，他将来一定会成为一位杰出的大学教授。”

邓亚萍曾因身高太矮先后被省队和国家队拒之门外，当所有人都告诉她“你不适合打乒乓球”时，父亲却坚持对她说“你很优秀”。

想要给孩子足够的信任，父母要打心底里相信孩子，不断告诉自己“我的孩子不会差”。当这种信念传递给孩子，他就会认为：我表现得很好，值得被信任。同时，他也愿意为维护父母的认可付出更多的努力。

对孩子来说，父母的信任就是一剂强心针。成长路上，孩子不可避免会遭遇挫折和挑战，有了父母的信任和支持，孩子会更有安全感，也更有前进的勇气。那么，如何表达对孩子的信任呢？

1. 表达“失败了我也相信你”

当孩子因受挫而自我怀疑时，父母可以说：“我知道你现在因为……很难过，我相信你尽力了，只要尽力就没有遗憾。再说，还有下次机会，我们再争取。”孩子听到类似的话就能重新看待自己、正确面对失败，重整旗鼓。父母也可以和孩子一起分析一下他做得好的地方，给他输入自信的能量。

2. 对孩子说“你能做到，只是还需要一点帮助”

如果孩子有哪里做得不够好，父母可以告诉他：“你能做到，只是在……上还需要提升，我们一起来想办法。”父母也可以直白地指出孩子哪里做得好，哪里做得不够好，然后陪他一起弥补，并不断鼓励他。

信任可以触碰到人的灵魂，父母告诉孩子“我相信你”，走进他的内心，才能帮助他成为更好的自己。

欢迎孩子“帮倒忙”

孩子大多很想帮父母做事，但由于缺乏生活经验和动手能力，他们常常把帮忙变成“帮倒忙”。

小玉：“妈妈，我要帮你炒菜。”

妈妈：“不行，会烫着你。”

小玉：“妈妈，我要帮你包饺子。”

妈妈：“算了，你捏不好，都破了。”

……

当孩子说“爸爸妈妈，我来帮忙”时，很多父母都对孩子抱有误解，认为孩子就是凑热闹，或者趁机捣蛋淘气。

不少父母会在一开始就拒绝孩子，或者说：“你去玩吧，这里不用你。”或者说：“你做不了这个，爸爸妈妈做就好。”孩子跃跃欲试时，总是遭遇拒绝，那等他长大一些，父母希望他帮忙时，他反而不情愿做了。

也有父母想要保护孩子动手的积极性，但看着孩子帮忙导致的一片狼藉（比如包的个个漏馅儿的饺子、折腾得乱七八糟的衣柜），就会忍不住批评孩子几句，或者制止孩子继续帮忙。这同样会让孩子感觉委屈，甚至会变得自卑，认为自己做不好，不愿意再尝试。

孩子爱帮忙，尤其是3~6岁的孩子，对一切都跃跃欲试，是因为他们好奇心旺盛，爱模仿。他们常常是因为看到父母干什么，自己有样学样。模仿一方面会让孩子感觉到非常有趣；另一方面，孩子想通过模仿来获得家长的注意。另外，孩子也是在用自己的方式回报父母的爱，比如看到妈妈下班回家做饭辛苦，自己主动做饭，他们是真的“想帮忙”。

但孩子由于自身能力薄弱，对于很多事情都毫无经验，也不理解父母的真正需求，常常只能帮倒忙。父母在孩子动手之前，理解孩子帮忙的初衷，做好心理准备，就可以避免说出“别捣乱了”“弄得乱七八糟，我还得重新收拾”之类的话。

孩子帮忙，别急着呵斥或者阻止。允许孩子帮倒忙，好处还是有很多的。

让孩子学会感恩，变得更有责任感。只有亲身经历过劳动，孩子才能体会到其中的烦琐、劳累，理解父母的辛苦，想要为父母分担，提升对家庭的责任感。

提高做事的能力，变得更自信。孩子许多事情虽然做不好，但做过就会对这件事产生认知，积累经验。就算这次没做好，下次做时他也能心中有谱，做得更好。当孩子把碗洗干净了，把饺子包漂亮了，也会让孩子做出积极的自我评价，变得更加自信。

给妈妈的话术

著名儿童教育家蒙台梭利指出："儿童从不厌倦劳动，劳动使他成长，让其更有活力。儿童也从不要求减轻他的劳动量，他喜欢独立完成一件事。"对孩子而言，劳动是一场有趣又有益的游戏，父母不妨多给孩子一些参与游戏的机会。

1. 请孩子帮忙做适合的事

父母可以根据孩子的年龄、性格、身体素质等，请他帮忙做事。

比如，孩子帮妈妈洗衣服，逐渐演变成制造泡泡，水花四溅，父母可以给孩子准备一个小水盆，说："你用这个小盆子，帮忙洗这件衣服好吗？""你可以在……（限定范围）帮妈妈洗衣服吗？"

2. 教孩子如何做到

父母可以指导孩子如何正确地帮忙，或者给他准备适合的工具。

比如，孩子想扫地，但还没有扫帚高。父母就可以给他准备一套小塑料清扫工具，一步一步示范如何使用。此时父母的语句要尽量简单易懂，比如"右手握住……左手……这样……"由于孩子的理解能力有限，父母要保持耐心，不厌其烦，直到孩子掌握技能。

3. 表达感谢

在得到孩子的帮助后，即便孩子做得不够好，也要真诚地表达感谢。这不仅是对孩子付出的肯定，也会让孩子更有"成就感"，提高"帮忙"的积极性。

给孩子一些时间和耐心，欢迎孩子"帮倒忙"，他会还你一个大大的惊喜。

第五章

永远不要对孩子说的6句话

“为你好”不代表真的为你好，不要再“以爱为名”控制孩子。

“我还不都是为你好”

大多数父母应该都对孩子说过“我都是为你好”这类话，虽然表面温情满满，实则却是“以爱为名”的控制，使孩子背负上沉重的枷锁。

场景回放

妈妈：“大宝，多喝牛奶吃鸡蛋，等会儿妈妈再给你洗个苹果。”

大宝：“我不喜欢牛奶和苹果。”

妈妈：“不喜欢也得吃，对身体好。”

大宝：“那也不要天天吃，腻得慌。”

妈妈：“你不吃这些能长这么高吗？我还不是为你好。”

大宝：“……”

父母对孩子说的“为你好”，初衷是爱。但这份爱或许已经在不知不觉间变质，渐渐变为打着“为你好”的旗号去逼迫孩子做不喜欢的事。比如强迫孩子参加各种兴趣特长班，送他转学到更好的学校……这些“为你好”在孩子眼中就是让他学一堆无趣的东西，结果连玩耍的时间都没有，让他和相处融洽的老师、同学分开。

“我都是为你好”，不过是父母的一厢情愿，一种盲目的自我满足。心理学家把“单方面施与”称作“非爱行为”，也就是“以爱为名”入侵、掠夺孩子的生存空间。这种行为完全忽略孩子的感受，其目的就是操控孩子。

如果父母经常干涉孩子，他自然会感到不高兴、不耐烦，而长期控制孩子，对孩子造成的伤害更加严重。

在成长过程中，孩子需要依靠外界来了解自己的感受，认识自我。但如果一个孩子从小就被父母控制，他的想法和感受不断被否定，只能根据父母的评价来认识并定义自我，这就是心理学中的“逆向创建自我”。这样长大的孩子很难觉察自己的真实感受，也不能准确认知到自己是个什么样的人。

“我是为你好”的背后还隐藏着情感绑架的付出，诸如：“我天天5点起来给你做早餐，你就考成这样？”“我辛辛苦苦把你养大，你翅膀硬了，敢顶嘴了？”“为了你，我放弃了事业，放弃了工作，你现在说你不想上学了？”

父母以爱为名，把情感和希望全部寄托在孩子身上。一旦孩子不听话，父母就会对孩子进行道德绑架。这会让孩子非常纠结，既觉得不堪重负，又没办法对父母表达自己的不满。因为如果孩子说出来就是自私，他本身也会因辜负父母而产生负罪感和愧疚感。

父母用“我还不是为你好”来绑架孩子，最终只会产生两个结果——孩子听话和孩子不听话。

有网友在社交媒体上分享：我妈说，这些年我选择一个人把你养大，不再结婚，就是怕你难过。从听到这句话的那天起，我再没做过一个好梦，每一分每一秒都为剥夺了她的幸福而难过。

听话的孩子因为看到父母的善意和苦心，不愿意违逆父母。但同时，他做事情会把父母的想法和感受放在第一位，而把自己的意愿和感受放在无足轻重的位置。即使孩子有所成就，内心也会有太多遗憾。

不听话的孩子会强烈反抗父母，哪怕和父母决裂，也要为自己的选择而战。有时候，他们根本就不是为了自己的选择，而纯粹就是为了向父母叫板。这些孩子，很可能因为父母的过度控制，做出错误的选择。

毕淑敏曾说:“真正的爱不是控制，而是成全。那些出于情感绑架的付出，或许早已偏离了爱的本质。”父母不妨把“为你好”换成平等的谈话。

1. 用自己的经历来引导孩子

在不认同孩子的想法和行为时，父母的第一个想法就是纠正孩子，并用一句“为你好”堵住他所有的反驳。但恰恰是这个时候，孩子最需要被看到、听到。所以，父母不妨尊重孩子的判断力，和他分享自己类似的经历，引导他做出判断。

比如，父母可以说:“我年轻的时候和你一样……，大概是……年前，我……(行为)，当时只觉得……现在回过头来想一想……(感受和看法)”父母尽量把过去的经历讲述得生动真实，在关键处适当停顿，引起孩子的好奇心。

当父母用自己过去的经历来为孩子提供借鉴，请他自己做判断，他就会觉得你是真心为他好，而不是想要满足自己的控制欲。

2. 鼓励孩子自己做决定

父母可以多鼓励孩子自己做决定。掌控感是一个人幸福的来源，当孩子拥有较大的自主权时，会更加高兴、主动。

比如，孩子不肯洗漱的时候，父母可以说："你明天需要早起，早点洗漱才能早睡早起，你想要我什么时候来提醒你？""你想要洗漱吗？现在洗漱的话，还有时间给你讲一个睡前故事。"

"我还不都是为你好"的背后是满满的控制欲，把掌控感还给孩子，才能激发孩子的内驱力。

"要不是为了你，我早就离婚了"

"要不是为了你，我早就离婚了。"这句话里面暗含的父母的愤怒、埋怨等负面情绪会让孩子产生强烈的负罪感和愧疚感，从而背上沉重的心理负担。

场景回放

深夜，小睿被爸爸妈妈的吵闹声惊醒。

爸爸："离婚，明天就去民政局！"

妈妈："离就离，这日子没法过了！"

爸爸："要不是有孩子，你以为我能和你坚持到现在？"

小睿哭着大喊："我不要你们离婚。"

妈妈："哭什么，要不是为了你，我早就离婚了！"

心理分析

婚姻不顺，父母多会有"要不是为了孩子，我早离婚了"的念头，甚至在夫妻吵架时，这句话也常常挂在嘴边。

这句话也许是父母内心真实的表达，不离婚真的是担心不能给孩子一个完整的家庭。以至于宁可委屈自己，也不能让一个家散了。这句话的背后是委屈，是牺牲，更是自己的选择。但父母却常常放大内心的情绪，而忽略自己的选择。

父母需要拿孩子作为不离婚的挡箭牌，这样，自己在婚姻中受到的痛苦就得到了升华，自己也有力量继续忍受下去了。可是，他们没有意识到离婚或者不离婚都是自己的选择，哪怕是为了孩子，也是自己的选择。既然是自己的选择，婚姻中的种种，就要自己承担，如果加在孩子身上，对孩子是不公平的。

孩子的心智发展尚不成熟，听到妈妈说："要不是为了你，我早就离婚了。"他会真的以为是因为自己，父母才不得不维持这段痛苦的关系，自责和内疚将铺天盖地地向他涌来。孩子会觉得自己是个累赘，绊住了父母追求幸福的脚步，他会痛恨自己的存在，并对父母产生强烈的不满和愤怒，变得越来越叛逆。或者，孩子认定都是自己的错，哪怕有不满也不敢表现出来，甚至会因对父母生气而内疚，贬低自己，表现得温顺而内向，同时也自卑而敏感。

这句话也会让孩子和父母之间的关系产生嫌隙。比如，妈妈说："要不是为了你，我早就离婚了。"就是在暗暗告知孩子："妈妈和爸爸的关系恶劣，你要在爸爸妈妈之间做出选择。妈妈为了你牺牲巨大，你应该站在妈妈这边！"孩子会因为妈妈的痛苦，违心选择和爸爸渐渐疏远。

孩子相信父母因为自己才勉强在一起，那么之后父母的每一次争吵和冷战都能让孩子惶惶不安，他会问自己："是为了我吗？"渐渐地，这个本该最温暖的庇护所，却成了孩子恐惧不安的源泉。

诺贝尔文学奖获得者莱蒙特说："当家庭秩序正常时，家中就会有爱流动，孩子就能从父母身上获得生命的能量。"所以，正常的家庭秩序关系中，夫妻关系是第一位的。父母与其想着"为孩子才不离婚"，不如认真、积极地经营彼此间的关系，传递给孩子更多的爱。

1. 表达"这不是你的错"

夫妻吵吵闹闹是在所难免的，父母在事后要及时做好疏导，不让孩子以为吵架是因为自己。

如果父母吵得很厉害，父母可以问他："……（时间）爸爸妈妈吵架，你害怕吗？"如果孩子说"害怕"，父母可以接着说："吵架是爸爸妈妈不对，不是你的错，爸爸妈妈以后会尽量不吵架的，真抱歉，吓到你了。"如果孩子说："不害怕。"父母可以说："吵架是爸爸妈之间的事情，你没有错，也不要觉得害怕。”父母还可以说：“即使爸爸妈妈吵得很凶，但我们还是和以前一样爱你，不要担心。”

2. 表达“我们只是出现了分歧”

父母不要在孩子面前刻意隐藏矛盾，因为孩子可以感受到压抑的氛围。让孩子意识到父母之间存在分歧，父母会有脾气是很正常的，他不需要因父母的矛盾而影响自己的情绪就可以了。

如果孩子问：“你们是在吵架吗？”父母可以承认：“是呀，不过爸爸妈妈只是对一件事有不同的看法，等我们意见统一就好啦。”或者说：“是啊，爸爸妈妈在生气，等过几天气消了就会和好的。”或者说：“爸爸妈妈虽然没有控制好情绪，但还是爱着彼此的，会一起解决问题的。”

孩子的内心是纯洁而脆弱的，经受不了太多的压力和刺激。夫妻二人的事情，不要让孩子被迫卷入，成为“第三人”。

“考这么点分数，你还好意思回家？”

很多父母在看到孩子不理想的考试成绩时，心中的怒火就控制不住，忍不住嘲讽道：“考这么点分数，你还好意思回家？”在孩子本就受伤的心上再插一把刀。

场景回放

阿鹿：“爸爸，我回来了。”

爸爸：“考得怎么样？”

阿鹿：“这次没考好，27名。”

爸爸：“总共35个人，你考27名，你怎么好意思回家？”

阿鹿：“……”

爸爸：“考成这样，你还回来干什么呀！真是丢人！”

心理分析

在不少家庭中，孩子考砸动辄就会迎来一顿训斥和讥讽，家中似乎再没有他的立锥之地。孩子吃饭，父母说：“考这点分，你怎么还有心情吃饭？”孩子看电视，父母说：“都这样了，你还看电视啊！”孩子默默学习，父母说：“考砸了知道学习了，考前你干什么去了？”

父母恨铁不成钢是人之常情，但对于孩子成绩不理想这回事，最难过的人是父母吗？不是，最不好受的是孩子。孩子才是最在意自己成绩的人，他要拿着这张成绩单去面对老师、同学和父母长辈。可惜事与愿违，孩子的心中满是彷徨、自责和伤心，这时还要面对父母的冷嘲热讽……心态再好的孩子也很难不受影响。

考砸后，孩子本能地想要重新振作，但如果遭遇父母的冷言冷语，甚至贬低、否定，孩子会感到委屈、心累、愤怒……想要振作的勇气就会消失，开始怀疑并否定自我。当负面情绪超出孩子自我调节的极限时，他就会选择自暴自弃。

还有一些孩子在考砸后会表现出全不在意或者故作轻松，其实内心并没有从考砸的阴影中走出来，只是下意识地在逃避。父母如果看不透孩子隐藏的情绪，指责、奚落孩子，只会让孩子站在父母的对立面，仇视、怨恨父母，甚至会在一气之下，真就按照父母说的“不再回家”。

人都有趋利避害的本能，在父母的要求下，一些孩子会越来越看重成绩，但不是出自本心，而是为了父母开心或者得到父母的肯定，会慢慢演变为讨好型人格。还有一些孩子，在一次次不被看好的重压下，干脆选择放弃，让父母的愿望不能“得逞”。无论哪一种结果，都不是父母愿意看到的。

成绩只是衡量孩子的学习成果，帮助其查补缺漏、提高效率的辅助工具，而不是评估孩子价值的检测仪。父母不妨帮助孩子正确认识成绩，减轻他的心理负担。

1. 表达“不管你考得如何，一切都不会改变”

孩子一生要经历无数场考试，父母要帮助孩子养成良好的心态，既不能不闻不问，也不能过度紧张。无论孩子考得多差，父母的态度都要保持如常，父母可以说：“考得不太好啊，先不要想这件事了，爸爸妈妈做了你最喜欢吃的……”“考砸了呀，要不要周末出去散散心？”“考得不好也不能耽误你吃饭啊，好好吃饭才有力气学习。”

2. 表达“考砸是一件好事！”

孩子成绩下降，如果只是日常小测或者期中、期末考试，父母都可以安慰他：“没考好说明你有问题暴露出来了，我们也能趁早解决，这总比你在高考的时候抓瞎强呀！”“没考好是有原因的，我们一起来总结经验教训，下次一定会进步的。”“100 分的卷子你考 60 分，说明什么？说明你还有 40 分的上升空间，说明你努力的话，成绩就会升上去的。”父母理性看待孩子的每一次成绩起伏，避免因一时冲动给孩子带来无法治愈的伤害。父母保持平常心，孩子才能轻松地生活。

31

“笨蛋，你是猪脑子吗？”

父母骂孩子：“笨蛋，你是猪脑子吗？”看似只是一时生气的口不择言，却会对孩子造成非常大的伤害。

爸爸在辅导橘子写作业。

爸爸：“你仔细想想，昨天刚讲过这道题。”

橘子：“不记得了，讲过吗？”

爸爸：“你这脑子能记住什么啊！我再给你讲一遍……”

橘子：“答案是 3 吗？”

爸爸：“一个 8 减 5 加 2 讲了 800 遍，就算是猪也该学会了！”

橘子："……"

当孩子怎么教都是一副迟钝、不开窍、一脸蒙圈的模样，再有耐心的父母也会崩溃，甚至口不择言："笨得跟猪似的""你那脑子是摆设吗"……这些言语攻击会使孩子产生认知偏差，对父母的话信以为真。

心理学中有一个"标签效应"：当一个人被打上一种标签，加以评论时，他就会改变自我印象，给自己的言行贴上标签。

标签分为"正面标签"和"负面标签"，无论正负都会变成一种暗示和引导，促使被贴标签的人变成标签描述的样子。当父母骂孩子是"猪脑子""不是读书的料""脑子不灵光"时，就等于是在给孩子贴负面标签。孩子受到这种不良标签的影响就会产生"我不行"的感受，并渐渐开始怀疑自身能力，进而丧失信心和斗志。久而久之，迟钝、呆板，遇事只说"不知道"，不敢为自己的答案据理力争……各种各样原本没有的毛病逐渐在孩子身上根深蒂固，甚至在孩子看来毫无长进也是理所当然的，因为他本来就"笨"。

给妈妈的话术

孩子的潜力是无穷的，父母不妨合理利用"标签效应"，帮孩子摆脱"负面标签"的影响，利用"正面标签"激发他的潜能。

1. 用正面词汇描述孩子的行为

父母可以明确地告诉孩子他有哪些优点是可以强化的。比如，

孩子读了很长时间绘本，父母就可以说："你足足看了 40 分钟的书，真有耐心啊。"再比如，孩子正在练习写字，父母可以说："你的字比之前工整多了，看得出来你最近没少练习啊。"

父母可以通过仔细观察孩子的日常行为，挖掘他的闪光点，把他的行为归结为各种各样的正面标签。比如，有毅力、自制力强、仔细、耐心、灵敏、诚实、勇敢、有创意、勤劳，等等。

父母也可以让孩子自己陈述他有哪些良好的行为，比如："今天你有做什么可以被夸奖的事情吗？"孩子也许会说："我今天的听写全对了！"父母就可以接着问："那你是有认真复习，对吗？"孩子："是呀，我昨天晚上练了好几遍呢……"

2. 利用文字语言来暗示

父母可以把孩子的"正面标签"发布到诸如微博、微信、育儿网站等社交媒体上。如果可以，父母不妨定期打卡，记录孩子的成长，然后展示给他看。这既可以让身边的人看到孩子的"标签"，在见到孩子的时候当面夸奖，强化"标签效应"，也可以让孩子直观感受到父母的认可，加深自我认同感。

3. 把"负面标签"转化为"正面标签"

当孩子被贴上"负面标签"时，父母可以将其转化为"正面标签"，鼓励孩子向好的方向发展。

比如，孩子考砸了，被嘲笑是"笨蛋"，父母可以说："你不但不笨，还很努力，只要再仔细些一定会进步的。"

父母将"负面标签"强加于孩子身上，只会让他越来越差。但如果父母能夸奖孩子两句，他就会越来越优秀。

32

“你若考100分，我就给你买”

父母总喜欢通过许诺各种好处，来换取孩子的努力奋进。殊不知这对孩子来说，很可能只是一种充满负面影响的引诱和刺激。

场景回放

妈妈：“芋头，期末考试你要是能考到85分，妈妈就给你吃冰激凌。”

芋头：“哦，冰激凌啊。”

妈妈：“要是能考90分，妈妈就奖励你一套芭比娃娃。”

芋头：“好啊。”

妈妈：“要是考100分，就带你去迪士尼玩两天！”

芋头：“太棒啦！真的吗？”

心理分析

“如果数学考100分，妈妈就奖励你玩具。”“刷一次碗，给你10块钱。”“作业8点前写完，给你吃零食。”……为了孩子能干劲十足地往前冲，父母总是不惜重金设置各种奖励。

重赏之下必有勇夫，父母不自觉地把这个规则应用到了育儿中。虽然物质的激励的确能吊着孩子往前走，但也有明显的弊端。

如果奖励让孩子心动，他往往会非常配合。但同时，孩子的大部分注意力也会集中在奖励上。年幼的孩子还没有树立正确的金钱观，父母贸然在孩子面前摆下各种昂贵的玩具、漂亮的服饰、美味的零食，很容易让孩子迷失在物质的海洋里。

如果习惯了得到物质奖励，孩子就会把学习、做家务来换取礼物当作一种正当交易。随着见识的增长，他讨要的礼物会越来越昂贵，直到超出父母的承受范围。一旦奖励消失或者不再令他满意，孩子就会偃旗息鼓。久而久之，孩子就会变得目光短浅，不愿意为长远目标而努力。

试想，如果孩子努力的动力仅仅来自一袋零食、一双球鞋……那等这些东西到手后，孩子的动力也就随之消失，物质激发出来的动力是短暂的。就算孩子的积极性暂时被调动，他也会在学习的过程中不断思索该如何得到奖励，得到之后会如何……单纯为了得到奖励而学习，很难从学习中获得成就感、胜任感与快乐，这反而会破坏他的内在驱动力。

很多人沉迷于科学研究，是因为科学让他们感受到超越常人智力的快感，探求生物活动经验的满足感，以及揭示复杂世界的简单规律的美感，这些是科学家产生源源不断动力的源泉。

只有发自内心地喜欢、渴望，孩子才会倾尽全力，做出成绩。而物质奖励恰恰遮住了孩子发现学习乐趣的双眼，一旦物质奖励消失，他很可能止步不前。

心理学家本杰明·布鲁姆指出："动机"和"奋斗目标"才是人坚持的根源。想要孩子努力、坚持，父母的精神鼓励是不可缺少的。

1. 用正向的评价鼓励孩子

口头赞赏是鼓励孩子最常用的方法，父母可以根据孩子的行为表现进行信息反馈，引导孩子调整自己的行为。

父母可以说："这件事你做得真不错，特别是……（付出 / 细节 / 态度）。"

2. 通过表情传达鼓励

父母在口头表扬孩子时，可以辅以上扬的语调和赞赏的表情，让孩子在心理上获得愉悦的同时，强化自己的行为。

比如，父母略带欣喜和自豪地说："你竟然……（具体的事情或细节），真是太棒了！"当父母发自内心、真诚地夸奖孩子时，很容易触动他的内心。

3. 通过动作表达鼓励

父母也可以在语言、表情的基础上辅以肢体动作。比如，鼓掌、点头、击掌、竖大拇指、拍肩、摸头、拥抱、亲吻、眨眼……肢体动作不仅可以让孩子直观地感受到父母的肯定，获得精神满足，还可以培养亲子间的默契。

尹建莉老师说："用物质奖励当作学习的诱饵，不过是父母要求孩子以成绩为回报的贿赂手段。"孩子都渴望得到奖励，但相比于容易引起孩子误会的物质奖励，父母赞赏的语言、表情和动作更能使他获得精神上的满足。

33

“都是一样的孩子，你怎么就不如别人！”

父母大多觉得“孩子还是别人家的好”，觉得别人家的孩子如何如何优秀，而自家的孩子却不尽如人意，常常脱口而出：“都是一样的孩子，你怎么就不如别人！”也许无心，却是对孩子沉重的打击。

场景回放

阿杉：“妈，我英语得了优+。”

妈妈：“数学和语文呢？”

阿杉：“都是优。”

妈妈：“隔壁小海，每次三门都是优+。”

阿杉：“小海考得怎么样，你比他妈妈都清楚。”

妈妈：“你还好意思顶嘴？你和小海一般大，一个学校，你怎么就是不如人家？”

心理分析

父母想通过对比激励孩子，给他指明一个可以学习的榜样。但这话在孩子听来，只有贬低和指责的意味，只能激起他的反感和反抗，甚至还会引发更严重的问题。就比如心理学家苏珊·福沃德博士在《中毒的父母》中所写："没有孩子愿意承认自己不如别人，他们希望得到父母的肯定，对自己的认识也大多来源于父母的评价。如果经常被父母打压，孩子很容易养成自卑的性格，陷入自我怀疑与自我否定的情绪，严重的还会患上心理疾病，做出极端行为。"

当父母拿孩子和其他人比较，并大加贬低时，孩子内心的负面情绪——羞愧、恼怒、不甘等等就会被激发。如果孩子一直无法超越对方，长期积压的负面情绪就有可能转化为嫉妒，做出破坏性行为。

总有人调侃"别人家的孩子"是所有孩子的公敌，但"敌人"这个词可不是简单说说。当父母说："你看，莉莉做作业都不用爸爸妈妈看管，好自觉，你要多向人家学学。"结果很有可能换来孩子的不以为然："哼，没有爸爸妈妈看着，她就可以趁机玩手机了。""不用爸妈看着写作业有什么用？她的成绩还不如我呢！"父母的"激将法"反而把孩子推向另一个极端，让他养成"眼红别人""刻意贬损他人"的性格。

如果父母也一直不断地比较、贬低孩子，他就会想：反正爸爸妈妈已经这么不满意我了，我在他们的心中也就这样了。我做得再多他们都不可能满意，索性就这样吧，于是得过且过，不再努力。

此外，如果孩子一直处于被比较的位置上，无论做什么都要求他向其他孩子看齐，以他人的行为为准则，孩子很可能会成为一个模仿者或者超越者，却会丧失发展自己个性的机会。

给妈妈的话术

孩子不是脱离群体的个人，他需要有一个参照系帮助他认清自己的位置，调动他的积极性。这就需要父母和孩子谈话时运用一些技巧。

1. 比较过去

最好的比较，就是孩子相较于之前有进步，这种纵向比较，会让孩子看到自己的努力，并且产生自信，进而愿意付出更多努力去争取进步。

2. 比较过程

孩子不喜欢听爸爸妈妈拿自己和其他人比来比去，但不等于孩子不想要进步。告诉孩子其他人取得好成绩是因为做了什么，有意识地引导孩子主动去寻找改变和提升自己的方法。

3. 从不同维度比较

教育家马卡连柯说："多一把衡量的尺子，就会多出一批好孩子。"父母与其紧盯其他孩子的长处，然后拿自家孩子不擅长甚至是薄弱的方面来比较，不如尊重差异，多方面看待孩子。有个成绩很不好的孩子问妈妈："我是不是很笨？"妈妈非常智慧地说："你知道吗？锅越大，把水煮沸就越慢。别人的锅小，所以很快就能煮沸。而你的锅大，需要慢慢等。虽然现在不如其他人，但以后你一定会变得更好！"

妈妈没有让孩子局限在一时的成绩中，反而放眼于长期潜力。

第六章

停止唠叨，让孩子自己管自己

唠叨大多是抱怨、说教和指责，

会严重挫伤孩子的自信心和自尊心。

34

重要的事只说一遍，越唠叨孩子越烦

父母总以为事情多说几遍，孩子才能听话。殊不知，父母越唠叨孩子越烦，越不会按照你说的去做。

场景回放

妈妈：“阿晨，写字的时候小心点，别弄脏了衣服。”

阿晨：“嗯。”

妈妈：“墨水染在衣服上很难洗的，你有没有注意啊？”

阿晨：“哦。”

妈妈：“写完了，记得把墨水收好，别洒了再沾到衣服上。”

阿晨：“哎呀，知道了。”

妈妈：“你看这袖口，我和你说了几遍了！你怎么就不听呢？”

心理分析

当人们受到过多、过强或者过久的刺激，就会感到极度不耐烦或者产生逆反心理，这种现象在心理学上称为“超限效应”。在亲子互动中，如果父母不断唠叨，重复提醒，孩子也会越来越不耐烦。或许孩子想到一件事情就会马上去做。但如果父母中途插进来，反复告诉他，你要如何如何，孩子反而就不愿意做了。这时，孩子就从主动做事转变为被动做事，相应的兴趣和积极性都将减少。孩子做事时本身就会专注地执行自己的思路，有自己的节奏，即使他做错了，他也会享受并爱上这种专心致志的感觉。但如果父母在旁边指手画脚，这不仅是打断孩子的沉浸状态，还会使他感到烦躁和愤怒，情绪激烈些很有可能就撂手不干了。

同时，唠叨也大大助长了孩子的惰性，他会想："反正爸爸妈妈会提醒。"父母唠叨得越多，孩子就越容易养成这种心理。长此以往，有没有认真学习、按时睡觉、多吃蔬菜……这些本是为自己负责的事，孩子都通通不上心。后面有唠叨的父母替他兜底，孩子就会无意识地依赖父母，缺乏责任感，懒散地对待学习和生活。一遍遍唠叨后，孩子依然我行我素，再有耐心的父母也会觉得疲惫、厌烦，渐渐认定自己的孩子任性、懒散、固执。有心理研究证明，反复听到相似的话，会使孩子习惯性地模糊听觉。耳边反反复复都是那些话，久而久之，孩子就会觉得这些话不重要，刻意忽视唠叨。

教育学者通过实验也得出结论："青少年的大脑会在被唠叨的过程中暂停社交功能。"在被唠叨时，孩子大脑中负责思考的区域活动量明显减少，根本就听不进去。因为唠叨大多以自我的感官、想法为中心，出口的话密集、重复度高且缺乏重点。结果，信息量太大，且内容过于无聊，孩子没有兴趣，大脑就自动为他屏蔽了一切。

何况，唠叨大多是居高临下的抱怨、说教和指责，这份潜藏的不信任、不认同，会严重挫伤孩子的自信心和自尊心。孩子想要向父母证明自己，但如果父母一直通过唠叨干预、控制孩子的行动，很可能激起他的反抗，激化双方的矛盾。即使有些孩子性格内敛，选择暗自忍让，但积压的愤恨与不满迟早会有爆发出来的一天。

苏格拉底说："上天赐予每个人两只耳朵和一张嘴巴，就是希望人们少说话、多倾听。"父母不妨少些唠叨，认真听孩子说。

1. 重要的事只说一遍

有重要的事情，父母只需要认真、郑重地跟孩子说一遍就好。如果孩子没记住主动询问，父母可以再重复一遍。但最好不要在孩子行动时，频繁出声提醒。

父母可以直接对孩子说："这件事我只说一遍，你要仔细听。""这件事需要你自己做，我不会在旁边提醒你，所以你一定要听清楚我的要求。""之后你再问我我可能也记不清，有没有听明白？"

父母事先和孩子强调要认真听，在这之后即使孩子做错，也可以让他自己弥补错误，承担起属于自己的责任。

2. 营造仪式感让孩子重视

父母有很重要的事情要叮嘱孩子，可以营造出郑重的氛围来引起孩子的重视。

父母可以趁着孩子空闲、状态不错的时候，认真、郑重地询问孩子："我有一件事情想要和你聊一聊，听一听你的想法。""有一件事情需要你做……你觉得怎么样？"这样的话可以让孩子感受到来自父母的尊重和信任，使他主动回忆并思考父母说了什么。在交谈的过程中，父母可以和孩子保持眼神交流，确保他在专心听父母说话。

3. 说完让孩子复述一遍

父母在和孩子说完事情后，可以让他复述一遍，以确认他理解正确并记忆。如果父母的话语不够简单明了，孩子跟不上父母的节奏，就只是听到声音，并不能真正理解并牢记父母的叮嘱。

父母说完让孩子复述一遍，既可以及时发现问题，做出调整，使语言更加易懂、明确，也可以帮助孩子加深记忆。放下非要让孩子按照自己的意思做的执念，停止无意义的唠叨，孩子才能更独立、自觉。

给孩子下达指令要明确具体、干净利落

父母平时下达的指令，孩子总是表现得踌躇不解、磨蹭拖拉。这其实不是孩子不合作，而是因为指令太模糊，孩子不理解。

爸爸：“去次卧把床边那件黑色卫衣拿给我。”

两岁的球球茫然地在房子里转一圈，然后什么也没拿……

“卫衣就在床上，让你干点活都这么难。”

…………

父母总埋怨孩子不听话，却不知道是自己的指令过于啰唆、复杂。对于年龄较小的孩子来说，他们的理解能力有限，很难捕捉到父母话语中的有用信息点，理解父母的真实意图。比如，上面场景中才两岁的球球根本就不理解次卧、卫衣是什么，自然难以执行。但在父母看来就是敷衍、偷懒、不听话。

重复下达无效指令是父母常犯的错误。如果父母下达一个指令，却没有立刻得到孩子的回应，父母通常会一遍一遍地重复，却没有教孩子具体如何做。比如，妈妈不断对两岁多的孩子重复“把积木收起来”，但孩子不懂如何收起来，也就不会去做。

另外，接连下达多个指令也会让孩子无所适从。琪琪正在玩游戏，突然听到妈妈说：“琪琪，把玩具收好。”孩子听话地整理玩具，但妈妈紧接着说：“快过来吃饭。”“别忘了洗手。”“快一点。”于是，琪琪不再管还没整理好的玩具，就坐在桌子前等待吃饭。妈妈问：“洗手了吗？”琪琪摇头。妈妈又问：“那玩具整理好了吗？”琪琪再次摇头。妈妈生气地质问：“你为什么不听话？整理玩具，饭前洗手也要妈妈替你做吗？”

将多个指令混合在一起下达，很容易让孩子做到一半就忘记自己应该做什么，或者直接跳过，执行最后一个指令。

如果父母下达的指令频繁变化的话，也会使孩子陷入混乱。比如，父母最开始说：“吃个苹果吧。”如果孩子没有立刻响应，父母就会说：“不想吃苹果吗？那要不要吃香蕉？”“或者吃个橘子？吃个橘子吧。”父母的指令一会儿一变，孩子也会因此茫然无措，丧失思考自己究竟想要吃哪个的念头。

下达指令时，父母需要考虑到孩子的认知水平、理解和实践的能力。特别是在面对年幼的孩子时，父母不妨下达更简单、明确、具体、可行的指令。

1. 一次只下达一个指令

对于年龄较小的孩子，父母可以尝试每次只下达一个指令。比如，父母可以说："宝宝，把土豆拿过来。""把脚放进鞋子里。"

当孩子愿意听从时，父母进行适当的表扬："你能按照爸爸、妈妈说的……（行动）我很高兴/自豪……"并辅以鼓掌、摸头、拍肩等动作。

2. 说肯定句式的指令

父母在制止孩子时，总爱说"不许大声叫""别闹了""不要动那个"……但也许孩子并不理解这些否定句，或者不知道如果不这样做，又该怎样做。

父母不妨说"过来看这本书""到我身边坐好""玩这个吧"……这能让孩子明确知道当下他该做什么。

3. 辅助孩子完成指令

孩子听到指令后，也许并不知道该如何执行，或者不想立刻执行。这时，父母可以说："知道怎么做吗？""爸爸妈妈陪你一起做。"然后手把手带着他完成这个指令。

如果父母发现孩子有磨蹭的迹象，可以只说一遍指令，边说边带着孩子行动。孩子很聪明，如果父母反复重复指令，等到不耐烦再去强制他行动，他就会习惯性地忽略指令，在父母发怒或者替他行动之前毫无动作。

成长是一个缓慢的过程，父母在给孩子下达指令前，不妨也慢一点，确认自己的指令可以被孩子听清、听懂。

就事论事，不翻旧账

“我早就说过你这样只会……”“上次你就是……怎么还不长记性。”很多父母在教育孩子时都喜欢和孩子翻旧账。父母以为这样能让孩子引以为戒，却往往挑起孩子的怒火。

闻涵：“妈妈，我想要买那个小猪佩奇玩偶。”

妈妈：“不行，家里一堆玩具。”

闻涵：“可是没有小猪佩奇玩偶。”

妈妈：“每个星期都买玩具，毛绒玩具十几个，积木两大箱，玩具电话几个……你都玩过几次？”

…………

父母为什么习惯翻旧账？著名心理学家戈登·鲍尔通过研究得出结论：人在高兴时，容易回忆起过去的快乐经历。在悲伤时，脑海中也会闪现相似的事件。孩子经常犯相同的错误，就会刺激父母产生相似的情绪，孩子过去犯下的错误就会随之被一一记起。此时，受当前情绪影响的父母就会很自然地把脑海中的内容复述出来，也就是“翻旧账”。孩子犯错，刺激父母产生负面情绪，然后孩子又犯错，父母的负面情绪被激发，就能从这个错误回溯到之前发生的错误。

比如，孩子忘记拿课本，父母就会想起孩子过去忘记写作业、忘记拿钥匙、忘记……甚至臆想孩子将来可能犯下更严重的错误，或者质疑孩子本身存在相关缺陷。

父母一一细数孩子曾经犯过的大小错误，不仅不能让孩子认识到错误，还会加深孩子对自己的负面认知，牢牢记住自己的错误、不足和缺陷。因为当父母把孩子过去的错误扯出来，讲得一清二楚，就如同在说：“你就是这种孩子，我不相信你能改正。”孩子就会认为自己无论如何努力都不会改变，自尊心和积极性被严重挫伤，变得非常自卑。

同样的错误重复发生，父母却没有帮助孩子改正，反而是用过去的错误刺伤孩子。“翻旧账”翻到最后已经不是教育孩子，而是父母的情绪发泄。当教育孩子变成了情绪发泄，那亲子关系必定会变得极度紧张。在成长过程中，孩子犯错是不可避免的，也是人生经验的累积。父母如果不断重复、强调这些错误，只会让孩子产生逆反心理，甚至可能犯下更多的错误。

与父母关系紧张的孩子，未来发展一定会比其他的孩子更加坎坷。尤其是到了中学时期，孩子有能力反抗父母了，父母再翻旧账，他们就会毫不客气地反驳，亲子间的冲突很有可能瞬间爆发。

翻旧账就是剖开孩子过去的伤口，总是让孩子回顾曾经的错误，那孩子就很难朝前看，展望自己的未来。长期翻旧账，孩子就会觉得自己很愚笨，同样的错误一犯再犯，永远都做不对、做不好。

给妈妈的话术

孩子改正错误需要一个过程，父母和他讲明道理后，不妨翻过这一页。就算不久后孩子再犯，父母也可以就事论事，避免把问题放大。

1. 不评论，只描述看到的

在孩子犯错时，父母可以描述所观察到的事物，避免说出主观评论。如果父母就孩子的行为发表评论，孩子就会觉得自己受到批评，容易产生抵触心理。

比如，当孩子在考试中誊写错答案，父母说："怎么又马虎了，之前就……"这不仅让孩子难以接受，还会让他觉得自己是个马虎的人。

父母不妨说："答案抄错了？当时发生了什么？"这样，孩子就能说清理由，父母也可以有针对性地帮孩子改正错误，提出建议。

父母可以采用一些固定句式，避免下意识地加上评论："我听说/我看到/我发现……，你能告诉我是怎么回事吗/发生了什么？"

比如，父母可以说:“我看见花瓶碎了，你能告诉我它是怎么碎的吗?”“我发现你在吃冰激凌，我们约定好今天只能吃一个冰激凌，为什么多吃了一个？”

2. 批评要对事不对人

父母在批评孩子时，可以告诉孩子这种行为有哪里不好，但不要把矛头指向他本身。

父母也可以把“小孩子不要插嘴，你这是不讲礼貌”换成“要等其他人说完你才能说话，被打断会让对方不开心”。这样简单的一句话就能让孩子明白对错，了解如何改正错误，无需父母长篇大论地“翻旧账”。

每个人都会犯错，区别就在于如何面对错误。如果父母把孩子过去的经历当作耻辱，不断翻出来鞭策孩子，那它就会成为孩子心中挥之不去的阴影。父母以平常心对待错误，就事论事，孩子才能汲取力量重新出发。

37

制定规则，让规矩来“说话”

父母总是不厌其烦地提醒孩子应该做什么，不应该做什么，以及要怎样做。其实，这样远不如制定规则，让规则来说话。

妈妈：“该去刷牙了。”

小明：“我看完就去。”

妈妈：“9点刷牙，我们说好的，到时候要是没刷牙，会怎么样？”

小明：“明天少看20分钟动画片。”

妈妈：“回答对了。”

小明：“妈妈，快看，不到9点，我刷牙了。”

妈妈：“真棒！今天算是遵守家庭公约了。”

李玫瑾教授指出，给孩子立规矩要趁早。如果不能在孩子进入青春期前立好规矩，以后孩子就更难管教了。年幼的孩子多少都会有些任性，喜欢靠哭闹解决问题。父母花费大量的时间来管教孩子，就是要让他明白，什么事情可以做，什么事情不能做。父母把心中的底线变为家庭中的规矩，孩子才会有界限感，不肆意妄为地做事。

很多父母习惯用唠叨、打骂等方式教导孩子，这的确可以在短期内约束孩子，但对于孩子形成长期的自我约束是十分不利的。父母仅凭暴力和权威去“教育”孩子，受到这种教育的孩子一旦远离父母，往往就会变得更加放纵、叛逆。

不同于唠叨、打骂等管教方式，制定规则的目的是要孩子更有尊严地生活、学习。诚然，挑食馋嘴，晚睡晚起，贪玩厌学，乱丢玩具，不能和其他人好好相处……孩子似乎方方面面都需要被管束。

但如果方方面面都要制定规矩，不仅孩子会感到窒息，父母也会为了维护过多的规矩而焦头烂额。

规则可以让孩子感受到秩序与规律，更好地认识、熟悉良好的生活方式是什么样的，更准确地判断自己的行为代表了什么。如此，孩子就不必担心自己做了什么会惹怒父母，当孩子对自己的行为有了清晰的认知，他会获得更多的安全感。

制定规则是为了让孩子更好地学习、生活，但过多的规则和过严的执行方式会破坏孩子的自尊心和自信心，使孩子心生抵触，不服管教。因此，制定规矩只能针对少数的不良行为。孩子是值得信任的，也是可以自我成长的，他们可以在遵守规则的过程中，发现并纠正自己的错误行为。

俗话说，“无规矩不成方圆”，有了父母和孩子都认同的规则，父母不需要耳提面命“快去写作业”“别打游戏了，该去睡觉了”“不能吃零食”，也能给孩子一定的自主权，让他可以在规则之下按照自己的心意，清清静静地做事，提高其责任意识和专注力。

给妈妈的话术

只要父母贯彻执行规则，在规则经年累月的影响下，孩子终有一天能养成良好的习惯。而能发挥效果的规则必然需要获得孩子的认可，父母不妨和孩子多多沟通，参考孩子的意见，制定出一份令双方都满意的规则。

1. 征求孩子的意见

在制定规则时，父母要尽可能向他传达尊重、民主的态度。父母可以多用疑问句来征求孩子的意见，比如："你想要几点开始写作业？""整理书包时，应该注意什么？""写作业的时候，看电视是不是不太好？"

当孩子给出的意见父母无法接受时，父母就需要耐心地解释、引导了。比如，孩子说想要玩完游戏再写作业，父母就可以说："那你是想回家后先玩10分钟游戏，再写作业吗？"这个过程可能会很累，但父母不要觉得麻烦，因为孩子在一问一答间就会由被动接受变为主动思考，这能使孩子更愿意遵守规则。

制定好规则后，父母可以再重复一遍，和孩子进行最后的确认："那我们就说好了，从明天起你就要……（规则）好不好？"

2. 支持孩子的合理意见

如果孩子的意见比较合理，父母不妨表达支持，并适当提出一些小建议来完善孩子的想法。比如，孩子希望晚上有一个小时的时间来玩耍，父母就可以先和孩子讨论回家后的时间划分。比如："写作业、吃饭大概要花两小时，到时候差不多就8点了，要保证在9点半之前上床，那你可以……"

制定好规则后，父母不要因为担心孩子遗忘而一直叮嘱、监督。父母可以把规则打印出来贴在显眼的地方，在孩子遗忘的时候提醒他看一看。或者，父母可以每隔两天总结孩子遵守了哪些规则，批评他做得不好的地方，表扬并鼓励他好的行为。

在制定规则的过程中，孩子会了解怎样做才是正确的，自然地会生出要做得更好的想法。所以，父母不妨停止唠叨，多和孩子制定一些小规则。

对心智未成熟的孩子，直接告诉他怎么做

有些父母很喜欢对孩子讲道理，希望他能明辨是非，做出正确的决定。但对于心智尚未成熟的孩子来说，道理是说不通的。父母与其和孩子讲道理，不如直接替他做决定。

场景回放

梓韶不愿意吃饭，把一碗饭推倒在桌子上。

妈妈耐心地说："梓韶，你知道农民伯伯多辛苦吗？"

梓韶不说话。

妈妈继续说："你知道在非洲，现在还有很多孩子在挨饿吗？"

梓韶依旧不说话。

…………

心理分析

父母讲道理就是单方面向孩子灌输经验，讲的道理虽然是对的，但毫无说服力。因为孩子的心智发展尚不成熟，父母一味地讲道理有时候往往也是鸡同鸭讲，双方不在同一个频道，就很难做到接收、

理解对方的“道理”。

青少年和成年人可以通过对比来总结经验，但年幼的孩子认知和理解水平还有待发展，显然不能理解父母口中“危险”“安全”“高”“低”“脏乱”“干净”等概念。如果孩子尚不能理解基础的概念，父母就急着和他讲道理，不管你讲得有多简单易懂，多生动有趣，孩子不懂就是不懂，就算勉强做到似懂非懂，睡一觉后也会忘得一干二净。

此时，孩子需要的不是父母来说服他，而是直接告诉他怎么做。“强势”地推动和果决地制止，这虽然看起来很“强权”，但这就是孩子现阶段最需要的引导。适当的“强权”可以清楚了解是非对错，建立贴合实际的认知。

很多父母致力于培养孩子的独立个性，不愿做严格刻板的“大家长”，想要和孩子进行平等的对话，这确实可以使亲子间的沟通顺畅很多。但也有可能使孩子不再相信父母的权威，对父母失去最基本的尊重和认同。孩子不愿听父母智慧的指引，也必然会吃很多不必要的苦头。

给妈妈的话术

面对原则性的问题，比如学习、睡觉、吃饭等，父母绝对不能退步。告诉孩子你的底线和态度，他才能够从小养成正确、良好的习惯。

1. 向孩子明确地表达态度

父母可以和孩子事先讲清楚哪些事情可以做，哪些事情不能做，并确保父母的态度不会随意改变。

比如，每当孩子向高处攀爬时，父母可以说：“停下来！爬到……很危险。”然后立刻把孩子从高处抱下来。或者，孩子喜欢乱扔东西，父母可以说：“不能乱扔东西，把它们放回原位。”父母可以先按住孩子的手，然后带着他一起整理。父母要避免简单地说“不可以”，可以在后面加上正确行为或者不能做的理由。

另外，父母还需要根据事情的严重程度来决定说话的语气和态度。比如，孩子拉宠物的尾巴，父母不妨保持严肃的神情，然后说：“快松手！放开……”而不是温柔地说：“宝宝，小动物的尾巴不能抓。”

2. 直接告诉孩子他应该做什么

孩子虽然心智未成熟，但如果父母对他的干涉过多，也会激发其逆反心理。所以，父母不妨只告诉孩子他应该做什么，至于如何做则让他自己决定。

比如，父母希望孩子能抓紧时间出门，就可以说：“你自己穿好衣服鞋子，我会在门口等你三分钟。”或者“还有三分钟就要出发了，我这边很忙，宝宝自己穿好衣服鞋子。”父母表现得很匆忙，无暇顾及孩子，他就会意识到这是自己的事情，开始着急起来。

再比如，父母不希望孩子乱丢玩具，可以说：“现在把弄乱的玩具收起来。”“妈妈希望做完饭后，能看到你的玩具都放在盒子里。”

在孩子心智未成熟时，父母要替他打好基础。孩子懂事后，才能自觉地去做正确的事情，不需要父母费力纠正。

偶尔提醒，不必事事提醒

很多父母总是在孩子每做一件事时便忍不住提醒。但事事提醒无疑会惹得孩子厌烦，父母不妨偶尔提醒，这更容易让孩子接受。

场景回放

妈妈：“仔细看题，又写错了！”

小宜：“哦。”

妈妈：“好好坐着，不要驼背。”

小宜：“嗯。”

妈妈：“上完厕所要洗手啊。”

小宜：“知道了。”

妈妈：“抹点护手霜。”

小宜：“……”

妈妈：“把作业本收好，按照语文、数学、英语排好……”

小宜：“我知道！”

父母不断地提醒，但刚提醒完几分钟，孩子就又忘了。结果是，孩子烦了，听不进去：父母也失去耐心，甚至开始大吼大叫。

父母越是事无巨细地提醒，孩子越容易紧张、担忧自己做得不够好，果然就事事做不好。这是因为越是强调的事情越容易被记住，比如，刚学走路的孩子明明该毫不畏惧，但经过父母的提醒，他会因摔跤的疼痛而变得胆怯，不愿再接受训练，遭受“必然”的疼痛。这相当于给孩子制造了一个难以克服的心理阴影，使他畏惧尝试。

很多时候，孩子原本没有什么想法，但经过父母的提醒他就会产生“我还可以做这个”的念头。比如，孩子刚写完作业，父母希望孩子预习、复习，就提醒道:“不许打游戏啊。”其实，孩子也许想的是“我要多做点练习题来巩固”，但父母一提游戏，孩子就开始心痒痒，开始想要打游戏。久而久之，游戏对他来说就是一种求而不得的执念，结果越来越上瘾。

父母埋怨孩子贪玩，学习不专注，殊不知，真正让孩子“走火入魔”的却是父母频繁又不经大脑的提醒。

事事叮嘱提醒，一件事做完，又让孩子去做另外一件事。渐渐地，孩子就成为父母手中的牵线木偶，他没有自己决定事情、安排事物的习惯和机会。遇到需要自己做决定的时候，孩子就会缺乏主见，犹豫不决，更习惯于听从他人的命令和安排。即使有自己的想法，孩子也不敢表达或者坚持。

被提醒的次数多了，孩子也会乐于依赖他人，懒于思考，做事缺乏主观能动性，不再愿意自己承担责任。

父母与其事无巨细地提醒孩子，不如放手让他自己安排生活。父母如果担心孩子处理不好自己的事情，偶尔提醒、引导就好。

1. 适时给孩子一点提示

当孩子在做某事时，父母可以适时地给孩子一点提示。比如：“饭菜没吃完放到冰箱里。”“衣服脏了放到洗衣机里洗一洗就会干净。”“吃完糖果，不好好刷牙就会长蛀牙，牙痛。”“做完作业检查一遍，可以发现算错的地方。”……父母给孩子提示，不是简单地告诉孩子应该如何，不应该如何，而是在这过程中教会他一些生活常识，引导他自发地做出正确的行为。

2. 用简短的词、句提示孩子

很多时候，过长的提醒在孩子看来就是批评和说教，容易感到厌烦和抵触。所以，父母不妨用简短的词、句提示孩子。

比如，可能要下雨，父母想要提醒孩子带雨伞、穿外套，就可以说：“天气预报说今天有雨。”然后顺手递上一件外套，这样孩子就会自然地接过，并自己带上雨伞。

再比如，孩子忘记带水杯就要出门，父母可以只说：“水杯。”孩子自然心领神会。简短的词、句提示不仅能令孩子立刻发现自己的粗心和不妥当行为，也会给他留下反思的空间，暗暗提醒自己下次注意。

另外，父母提示时，要避免出现“好好想想你忘了什么”“不对”等含有否定意义的词、句，也要控制提示次数，不要过于密集。

父母总希望把孩子的生活照看得尽善尽美，但孩子需要的不是一根拐杖，而是一位引路人。父母给孩子一点提示，之后无论成功还是失败都将是他成长路上的宝贵财富。

第七章

趣味表达，让孩子更有幸福感

若想让孩子成为一个幽默的大人，

就要从小保护孩子的幽默感。

孩子做错事，试试幽默式批评

当孩子做错事时，父母很容易和孩子发生争执。所以，父母不妨尝试幽默式批评，让孩子轻松、愉快地认识错误，调整不良行为。

场景回放

小明为了给朋友莉莉展示自己的玩具，把玩偶、积木、汽车模型等全部都搬了出来，在窗台、桌子、床上、地上摆的到处都是。

妈妈进门看到满屋狼藉，立刻沉下了脸，但看到两个孩子玩得高兴，笑着说道：“你们俩这是在摆阵法？简直比诸葛亮还厉害！莉莉可要当心，别被小明引进迷阵里了。”

莉莉忍不住笑出了声，小明也不好意思地说：“妈妈，我想给莉莉看看我的玩具，马上就收拾。”

心理分析

在孩子犯错时，父母越严厉，孩子就越容易心生畏惧，或者越不乐意接受父母的教导。不妨抛弃过于严肃的态度，用幽默的表达引导孩子反思，效果会更好。

采用幽默式批评，说一些有趣的事例，孩子既能感受到父母的良苦用心，也能意识到自己的错误。

幽默式批评就像裹着糖衣的良药，让孩子笑着接受，受益匪浅。德国著名演讲家海因兹·雷曼麦曾说过："把一本正经的真理用诙谐幽默的方式表达出来，比直截了当地言明更容易让人接受。"父母善用幽默式批评，有利于消减孩子的抵触情绪和逆反心理，缓和双方的对立情绪。孩子能从父母幽默的话语中感受到诚恳与善意，他会软化，卸下自己的心防，乐于主动反省自己的错误。

有研究显示，父母运用幽默语言教育孩子，能保持他的大脑兴奋性，消除紧张感和疲惫感，并加深印象。幽默式批评给孩子带来的是快乐、放松，从而使他愿意积极改正自己的错误。

幽默式批评，本质是委婉含蓄地指出错误，让孩子心领神会即可。运用幽默式批评，需要注意分寸，不要把幽默说成讽刺、嘲笑，或者冷笑话，否则极有可能收到适得其反的效果。

1. 以错攻错

有些孩子常常为了吸引大家的注意力而故意犯错。面对这种情况，父母不妨以错攻错，用幽默的方式让孩子意识到错误的严重性。

比如，爸爸下班回家，发现全家人对着孩子紧张万分。原来，孩子声称自己喝了小半瓶墨水。眼看家人要送孩子去医院，爸爸制止并安抚住了家人，他知道孩子喝少量墨水不至于中毒。于是，爸爸一脸轻松地问孩子："你喝了墨水？"

孩子得意地把带墨水的舌头伸出来，顺便还做了个鬼脸。

爸爸见此没有生气，反倒一脸焦急地取出一沓吸墨水的纸来，对孩子说："没办法了，要想把肚子里的墨水吸出来，你只能把这些纸吞下去了！"

此话一出，家人都被逗笑了，但孩子却笑不出来，他一脸惊恐地看着那沓纸，表示再也不敢胡闹了。

孩子为了引人注意而故意闯祸，即使父母批评他，他的目的也达到了，以后他故意犯错的事情只会越来越多。而以错攻错，孩子就无法反驳父母的批评，让他知道故意做错事有自食其果的风险。

2. 曲意表达

父母在说服不了孩子的情况下，可以尝试曲意表达，让孩子更愿意接受。

比如，孩子看中了新式步枪模型，缠着父亲要买。

家里的枪支模型几乎堆积如山，爸爸不想再买，但又怕儿子闹脾气。于是，他对孩子说："你的军费开支超支了，和平时期连美国都裁军了，我们也得裁点军费吧？"孩子一听就痛快地答应了。

曲意表达，把批评、道理用更幽默的方式表达出来，这不仅是一种教育方法，还能使亲子间的情感更融洽。

3. 借故事讲道理

父母可以通过一些有意思的小故事，引导孩子认识自己的错误。比如，孩子写作业总是落下结尾的标点符号，妈妈就讲了一个小故事："一个小伙子住在一位老人楼上，小伙子每天回家都是深夜，他脱鞋总是习惯把鞋子重重地甩在地板上，发出响亮的声音。老人每晚都会被这声响吵醒，他找小伙子反映。小伙子听完非常羞愧，承诺一定会改正。

“第二天深夜，小伙子满身疲惫地回到家，他把一只鞋子甩到地板上，发出响亮的声响。听到响声后，小伙子想起对老人的承诺，就轻轻脱下另一只鞋子。而楼下的老人被第一只鞋子落地的声音惊醒后，担心再被第二只鞋子吵醒，就一直睁眼等第二只鞋子落地，硬是睁着眼睛到天亮。天亮后，老人愤怒地找到小伙子，问：‘你的另一只鞋子呢？’”孩子听完哈哈大笑，妈妈趁机问：“再看一遍你的作业，妈妈也想问‘你的另一只鞋子呢？’”孩子恍然大悟，牢牢地记住了自己的错误，后来没有再犯。

父母想要孩子改正错误，能够采用的方式不是只有批评。幽默式批评能够让孩子虚心接受教导，成为一个知错善改的人。

41

发挥幽默感，化解孩子的负面情绪

孩子在遇到不顺心的事情时，就会产生埋怨、失落、愤怒等负面情绪。遇到这种情况，父母可以尝试发挥自己的幽默感，帮孩子化解负面情绪。

小胖："妈妈！小狗又在啃我的鞋子！"

妈妈："好哇，这就是干啥啥不行，啃鞋第一名！"

小胖："我抢不回鞋子，它跑得太快了！"

妈妈："这狗是飞毛腿，下次遇到小偷的话，我们就可以直接放狗了。"

小胖："它能追上小偷吗？"

妈妈："肯定能。"

小胖："为啥？"

妈妈："你不记得我们看过的《笨贼一箩筐》吗？"

小胖："哈哈，记得。"

妈妈："我们的小狗可比那些家伙聪明多了。"

小胖："那肯定。以后我要教小狗帮我拿鞋子。"

妈妈："嗯嗯，你还可以教它帮你捡球。"

…………

为什么有的孩子整天各种不高兴，有的孩子却总能开开心心的，这其实和父母的说话特点有一定的关系。研究证明，幽默能够很好地调节情绪。幽默的话语能够改变孩子对于情境、事件的认知与评价，缓解他因某个事件而产生的压力，从而调节负面情绪，提升孩子的幸福感。

父母有意识地培养自己的幽默感，思维的灵活性与反应速度都会提高，这些都能变成调节孩子心情、培养孩子乐观态度的利器。比如，当孩子抱怨自己饿了的时候，幽默的父母立刻就可以接上一句："我也好饿，看你这只小手白白嫩嫩，妈妈要'啊呜'一口把它吃掉！"然后孩子就会忘记抱怨，与妈妈一起嬉闹。及时的幽默感，让孩子学会耐心等待和克制。下次遇到等待的情况，孩子也会愿意乐呵呵地等待，而不是满腹怨言。

主动解释、讲道理，不能抑制孩子心中的愤怒、委屈、怨恨等负面情绪，而幽默的语言，则可以引导孩子用不伤害任何人的方式释放负面情绪。

父母想让孩子摆脱负面情绪的影响，成为一个有趣的人，不妨先让自己变得有趣。

1. 夸张模仿

当孩子不高兴时，父母可以夸张地模仿孩子的行为，说一些幽默的话逗孩子笑。比如，孩子洗完澡后，光着身子蹿出浴室，一边举着橡皮鸭子唱歌，一边模仿鸭子走路。突然，孩子滑倒，"啪叽"一下摔在地上，撇着嘴哭起来。

看到如此搞笑的画面，妈妈强忍住笑去安慰孩子。妈妈模仿孩子刚刚的动作、神态，夸张地摇头晃脑，边走边唱，最后以一个非常滑稽的姿势摔倒在地，说："哎哟！怎么摔倒了？"

孩子破涕为笑，说："妈妈不好好走路。"之后，每当孩子洗完澡乱跑时，妈妈都会夸张地模仿他摔倒的动作，孩子大笑的同时，也会放慢脚步，好好走路。

孩子的情绪来得快，去得也快。父母夸张地模仿孩子的行为，就可以逗笑他，帮他忘记这一瞬间的负面情绪。

2. 先一步逗乐孩子

孩子出现紧张、焦虑等负面情绪，父母可以尝试在孩子爆发前，先一步逗乐他，缓解他压抑的心情。

在长时间做不好事情的时候，孩子可能就会产生各种各样的坏心情。父母可以在孩子的情绪变得更糟糕之前，幽默一下，让孩子的坏心情一扫而光。

调节消极情绪，幽默绝对是最好的方法。父母不妨多利用幽默感开解孩子，引导他发现：许多他以为无法接受的事情，其实没有那么糟糕，甚至还可以变得很快乐。

42

神回复，让亲子沟通更顺畅

父母希望和孩子之间的沟通能顺畅无阻，一问一答如果能有笑声穿插，平淡的交流带点俏皮话，让孩子更有聊下去的欲望。做有幽默感的父母，你和孩子之间的相处会越来越融洽。

孩子:“我想把头发染成蓝色的，再漂几缕粉色和紫色，你觉得怎么样?”

妈妈:“好不好看咱们先不说，这你以后上课要怎么开小差、逃课?”

孩子:“爸爸，最近手头紧，发500元来接济一下?”

爸爸立马转了50过去，并留言:“你这孩子打小对数字就不敏感，50还多打了个0，幸亏我了解你。”

孩子:“爸爸，我想养一只猫，你看行吗?”

爸爸:“喵，喵，你看这只行吗?”

网上有人问:“有一对搞笑的父母是什么体验?”引发了无数网友回复，表面上是对父母的吐槽，其实背后满满都是令人羡慕的快乐。有网友回复:“我的搞笑功能是遗传的。”

的确，有一对性格幽默的父母，孩子很容易成长为一个乐天派。父母不论遇到什么麻烦事，都能角度清奇地调侃或吐槽两句，孩子也能受到积极影响，即使遇到不顺心的事情，也能够自我调节，轻松面对。

在中国传统的教育观念中，父母大多需要做出严肃、严厉的样子才可以威慑孩子，便于让他服从管教。但这种做法很容易导致孩子产生对抗心理，使亲子关系越来越僵，甚至走向对立，丧失快乐、放松的家庭氛围。

周国平先生曾说:“有一些正经的父母，自己十分无趣，看见孩子调皮就加以责罚，听见孩子的有趣话语也无动于衷，我真为他们的孩子感到冤枉。在干旱的沙漠里，孩子的智性花朵过早枯萎了。在沉寂的闷屋中，孩子的灵性笑声过早喑哑了。”

在与孩子的互动中增添一些幽默，不仅可以让孩子发现爸爸妈妈是有趣的人，进而心生亲近，也可以在与孩子的交锋中，坚守自己的原则，不着痕迹地拒绝，让孩子无从反驳。

比如，小夏太想买新衣服了，但因为忙着准备考试，没有时间，就把这项艰巨的任务交给了妈妈。

小夏考完试，妈妈说：“衣服到了，放到你屋子里了。”小夏回家打开快递盒一看，是她的旧衣服，深蓝色。里面还有手写信：“因拍摄条件限制，商品存在一定色差，本店概不退换。”

盒子外面潦草地贴了便利贴，上面写着：“发货人：妈妈。发货地址：餐桌上。收货人：要求很多的小姑娘。收货地址：卧室。爸爸在旁边笑到打嗝。

性格幽默的父母，能利用生活中的每一件事，委婉地向孩子传达想法，表达意见。这样的父母很难因为不当的行为加剧亲子间的矛盾，他们更擅长在不动声色间掐灭矛盾的小火苗。

幽默是父母与孩子沟通时的润滑剂。孩子会抵触恐慌，排斥抑郁，但决不会拒绝快乐。父母在和孩子沟通时，如果能够经常想到“寓教于乐”，那么，再固执己见的孩子也会愿意听一听父母的话。

很多父母在日常生活中都不太幽默，所以父母想要在亲子互动中

展现幽默感，不妨多看一些笑话、小品、相声和喜剧电影，并留意网络中和生活中的趣事，然后把这些运用到与孩子的沟通中。

1. 调侃自己

幽默的父母不妨乐观地面对生活中的磨难，无论身处何种境况，都能发现其中的乐趣。调侃自己，把你的乐观传达给孩子，他会获得更多快乐。

比如，爸爸突然腹痛难忍，孩子叫来救护车把爸爸送到了医院。到医院检查后，发现竟然是肾结石。爸爸满不在乎地表示："又不是什么绝症，碎掉就好了。"但医生表示："这种情况需要手术。"孩子意识到问题的严重性，忍不住责备："爸爸，都是你平时不注意保养，你看现在……"爸爸也不恼，说："一点钱就换回你爸这条无价的命，赚大发了！"

2. 从积极的角度解读孩子的现状

孩子总有遭遇挫折的时候，父母不妨从积极的角度解读孩子的现状，帮助他重拾良好心态。比如，孩子希望考入最好的中学，但在模拟测试中考砸了，他斗志消减，郁郁寡欢。这时，父母就可以说："你这怎么还玩起了战术，是打算后发制人？"孩子听完恍然大悟，心情瞬间多云转晴。

孩子背负着很多压力，而父母的一句调侃，换个角度帮他重新看问题，让他如释重负地积极面对挑战。

3. 明知故问、委婉拒绝

有时候，孩子会提出一些父母无法接受的要求，但直接拒绝难免过于生硬。面对这种情况，父母可以尝试采用明知故问的方法来委婉地拒绝孩子。比如，孩子问："爸，睡了吗？" 爸爸："还没，这么晚还不睡？" 孩子："穷得睡不着啊！" 爸爸："那我先睡了，你再熬会儿，有事再联系。"

林语堂曾说："豁达的人生观，率真无伪的态度，加上炉火纯青的技巧，再以轻松愉快的方式表达出来，这便是幽默。" 幽默的态度是会传染的，父母每天笑看所有麻烦，孩子也能发现生活中的更多乐趣，变得更加活泼积极。

43

拟人化表达，打造无障碍的亲子沟通

在孩子的世界里，花、草、鸟、鱼等事物都是有生命的，都是美好的。父母可以模拟各种玩具或物品，和孩子进行对话，再配合生气、高兴等情绪，以及妙趣横生的语言，更容易被孩子接受和喜欢。

场景回放

妈妈给小豫扎辫子时，不小心扯疼了她，小豫不肯继续梳头。

妈妈举起梳子，质问道："梳子，你为什么要弄疼小豫？" 然后把梳子放到耳边，装作倾听。

妈妈："弄疼小豫是因为她的头发打结了，梳不开。"

小豫瞪着梳子。

妈妈继续问："那你有没有办法不扯疼小豫？"

妈妈："没有办法？除非小豫勤洗头。不行，我们小豫最讨厌麻烦了。"

小豫点头表示赞同。

妈妈："你还有其他方法吗？"

小豫满眼期待。

妈妈惊呼："把头发全部剪掉？"

小豫大声说："不要！"

妈妈："梳子说，那如果不想被扯疼，只能好好洗头了。你愿意吗？"

小豫："好吧。"

所谓"拟人化"，就是把事物人格化，假装原本无法做出动作或者产生感情的事物，具有了和人一样的感情、行为。很多动画片，比如《熊出没》《猪猪侠》《喜羊羊与灰太狼》等都对人物进行了拟人化处理。

平时，孩子总会对着玩偶或者常见的物品说话，把它们当作人，和它们交朋友，这就是孩子将事物拟人化了。研究发现，4~6 岁的孩子把一切事物都看作和人一样有生命、有意识，他们常把玩具当作伙伴，与其游戏、谈话。6~7 岁的孩子则认为能活动的事物才是有生命和意识的。

教育家指出，孩子很容易接受拟人化的语言表达，因为拟人化表达形象生动，可以激发孩子的奇妙想象，让孩子仿佛进入童话世界，而童话恰恰是孩子的最爱。拟人化表达符合孩子的心理发展特点，孩子觉得有趣之余，也就很愿意配合。

父母在使用拟人化表达的时候，可以尽量放下成年人惯有的姿态和语气，从孩子的角度理解问题并表达，让孩子感受到父母是友好、平等、值得信任的朋友。

1. 物品拟人化

父母直接的命令、建议，孩子往往只是听见，并不会记住并思考。这时，父母可以将物品拟人化，以此触动他的内心，让他加深印象。

比如，孩子拿着新买的皮球兴冲冲地往外冲时，妈妈就可以拿起足球，仔细看，把它放在耳边假装认真倾听，然后和孩子进行一段对话。

妈妈："这个皮球在和我说话，它让我转达给你。"

孩子："它说了些什么？"

妈妈："它说它叫小圆，希望可以成为你的好朋友。"

孩子："好，我们是好朋友。"

妈妈："它还说，它担心被砸到窗户上，也担心被遗忘在公园里，它说有很多小朋友不好好照顾它的兄弟，结果它的兄弟都'砰'

的一声死掉了。”

孩子：“我一定会好好照顾它的。”当孩子再拿起皮球时，就会更加小心。

另外，父母利用拟人化表达，需要关注孩子的情感需求，而不是假借玩具之名发号施令，站在孩子的对立面上，那样孩子很有可能不买账。

2. 情绪拟人化

有时候孩子会使父母产生愤怒、快乐、伤心等情绪，父母可以把自己的情绪比作某种事物，然后进行拟人化表达，让孩子更加直观地理解。

比如，父母生气时可以说：“我感觉自己要变成一只喷火龙，嗷呜，看到我愤怒的火焰了吗？”一边说着，一边做出喷火的动作，这既可以发泄情绪，也可以让孩子意识到父母现在很生气。

3. 身体拟人化

父母可以把孩子的身体比作某种事物，对其拟人化，让他积极做事。比如，孩子早上磨磨蹭蹭不肯穿衣，父母可以说：“现在你的手臂就是高铁，它们一起参加穿越隧道大赛，让我看看它们谁是冠军。”这时，孩子套衣服的积极性就有可能被调动起来。父母还可以在孩子穿衣服的过程中说：“左边高铁率先出发，右边高铁还没有找到隧道入口！”这样，孩子就能愉悦又快速地穿好衣服。

孩子就如同一本有趣的童话书，需要父母重拾自己的童心，才能看懂他烂漫的内心世界，与他来一场灵魂的碰撞。

越夸张，孩子越开心

夸张的语言、表情、动作，因为其滑稽，甚至荒谬的特点，常常把孩子逗得哈哈大笑。

小菲沉迷看电视，妈妈看不过眼，对她说："看电视时间长了，会变成一个大胖子，走路都得被人抬着，自己走不动啊。"妈妈一边说，一边做出走不动路的样子。

小菲被妈妈的样子逗笑了，说："像个大笨熊。"

妈妈接着说："大笨熊说还想看动画片，看呀看，有一天它的眼睛近视了，连前面的大树都看不到，'砰'的一声，一头撞了上去。"

妈妈假装一边揉屁股，一边东张西望，"哎哟，疼死我了，这是谁不长眼睛，站在这里挡着我的路。"

小菲哈哈大笑："是大树啊。"

妈妈挥舞着手臂说："什么？大树，我怎么看不到？在哪里？"

小菲："你眼睛瞎了，连大树都看不到？"

妈妈捂着眼睛说："唉！都怪我老看电视，把眼睛看瞎了，我发誓，以后要少看电视。小朋友，你一定不要学我啊。"

小菲："妈妈，把电视关了吧，我不想看了。"

"夸张"就是对事物的形象、特征、作用等各个方面刻意夸大或缩小的修辞方式。父母调动丰富的想象力，在现实基础上有目的地对事物的形象特征进行夸张处理，可以启发孩子的想象力，加强话语的力量和表达效果。

夸张的肢体动作、表情神态可以配合语言一起使用。如果父母表情呆板无趣，孩子就会慢慢安静下来。很多时候，这不是因为父母平静的状态影响到孩子，达成教育效果，而是因为孩子感到害怕。他不理解父母到底要表达什么，不知道表情单一的面庞之下是什么样的情绪、态度。

多使用夸张的肢体语言，其实是非常有利于亲子沟通的。这是因为年龄较小的孩子语言表达能力有待发展。当孩子不能通过言语正确表达出自己的想法时，就会本能地使用肢体动作。这时，父母如果能用同样的肢体语言来回应，孩子会觉得自己被理解，从而加深对父母的信任感。

比如，年幼的女儿正在看《猫和老鼠》，爸爸看到后，就用吸管对着汤姆身边的牛奶盆，夸张地假装吸牛奶，装作和汤姆抢奶喝。女儿看到后兴奋得手舞足蹈，笑个不停。

在互动时，父母使用各种夸张的声音、语调和口型，再配上丰富的面部表情，可以激发孩子的兴趣。比如，父母辅导作业被气得快要爆炸的时候，不妨压住怒火，轻飘飘地来一句："你要是再算错，我就要把我 80 米长的棍子请出来了！”夸张的语句营造出轻松诙谐的氛围，更有利于孩子放松大脑，把父母的话听进心里。

亲子之间的情感表达往往发生在嬉笑怒骂间，而夸张就是一种很好用的表达方式。

1. 丰富的面部表情

父母在和孩子互动时，可以多多采用丰富的面部表情。当孩子反复看到夸张的表情时，通常会被逗得哈哈大笑。无论父母做出多么傻的表情，年幼的孩子都会很给面子地注视、大笑。

2. 讲述夸张的童话

童话往往带有大胆、极致、普遍的夸张，从而展现出一个个奇特而梦幻的情节。父母想要孩子高兴，不妨多给他讲述一些具有童话色彩的故事。比如，《枪炮国去打糖果国》中，橡皮糖做城墙，跳跳糖吓跑敌人，乘棉花糖气球飞来……这种夸张幽默而鲜明，也不会显得浅薄、俗套。

3. 对故事“添油加醋”

父母还可以对故事“添油加醋”，从而达到教育孩子的目的。比如，在鲁斯曼·安娜所著的《牙齿大街的新鲜事》中，哈克、迪克兄弟俩想要挖空所有的牙齿，建立“龋齿大街”。父母就可以在这个情节上“添油加醋”，让孩子学会保护牙齿。父母可以说：“有没有按时刷牙，小心哈克、迪克兄弟在你的牙齿里安家，把你的大门牙改建成游泳馆，看你还怎么啃香喷喷的排骨。”孩子听后大脑中会有更加直观的画面感，从而愿意听从父母的建议。

夸张拉近了父母与孩子的距离，因为在哈哈大笑之余，孩子会把父母与快乐联系在一起。

用童心与孩子“交流”

如果父母有一颗童心，就可以畅通无阻地进入孩子的世界，和孩子交流想法和感情。这对于父母和孩子来说，都会是一件十分幸福的事情。

沙沙看过动画片后，成天“嘿嘿哈哈”地比画着各种招数。

爸爸把沙沙叫到跟前，说：“你看，这是什么？”

沙沙惊喜地叫道：“是剑！哇哦，这也太酷了。”

爸爸拿起一把剑，说：“现在，我把这柄剑赐予你，你敢和我出去一决胜负吗？”

沙沙摇头晃脑，仰天长叹：“我修炼这么多天，越战越勇。”

爸爸大喝一声：“看我平沙落雁！”

沙沙大惊失色：“还没说开始呢！我来一招白鹤亮翅！”

…………

父子二人你来我往，又对着沙发、被褥乱砍一气，最后累瘫在地。

心理分析

教育家陶行知说："我们晓得特别是中国小孩，是在苦海中成长。我们应该把儿童苦海创造成一个儿童乐园。这个乐园不是由成人创造出来交给小孩子，也不是要小孩子自己单枪匹马去创造，而是大人加入小孩子的队伍，跟他一起创造。"孩子眼中的好父母，是有威信但不居高临下，温柔宽容但不毫无原则，既能做严师也可以当益友。

作家汪曾祺曾在《多年父子成兄弟》一文中这样阐述自己的教育观念：我觉得一个现代化的，充满人情味的家庭，首先要做到没大没小。父母叫人敬畏，儿女"笔管条直"最没有意思。作为一个父亲，应该保持一点童心。其实，无论是父亲还是母亲，在和孩子沟通时，都不妨使用童心童语，让孩子感觉到你就是他的大朋友。"

对年龄较小的孩子，父母可以和他聊：一朵像马又像鸟的云；从高处看路上的汽车像一个个螃蟹；绕着花朵打转的蝴蝶是不是迷路了；穿着红红衣服的苹果从哪里来的……用孩子的眼光去看这个世界，你会发现这个世界越来越有趣。

年纪稍微大一点的孩子，已经有一定的识字量，可以从书籍、网络等各种渠道了解信息。这时的孩子脑海里存储着非常多的内容，其中有理解的，也有不理解的。这些加上孩子天马行空的想象力，就能编织出一个个奇幻的故事。父母可以融入孩子的故事，和他一起当小矮人，做身材庞大的恐龙，听他发号施令，向宇宙进发……父母找回自己的童心，用童心和孩子交流，一起玩闹、幻想，彼此间心灵的距离也会越来越近。

用童心和孩子相处，不但可以读懂孩子的内心，还可以用孩子般纯真的目光重新定义这个世界，获得纯粹的快乐。

在日常生活中，一朵小花，穿梭的汽车，行人的穿着姿态，动画片中眼睛大大的人物……父母都可以满怀童心地和孩子讨论、模仿。父母多收集一些和孩子交流的素材，可以让父母与孩子之间的交流更加顺畅。

1. 允许孩子直呼其名

汪曾祺的子女们总是“没大没小”，喜欢亲昵地喊父亲“老头子”，小小的孙女也跟着喊“老头子”。当年幼的孙女随意批评他的文章时，汪曾祺也总是笑着接受，没有一点不愉快。

很多亲子关系的家庭中，孩子有时会直接喊父母的名字，或者给父母取绰号。这是孩子对父母的专属称呼，也是孩子想要和父母亲近的体现。所以，如果孩子喊你的名字或者绰号时，父母不妨开心地应一声。

2. 一起看滑稽影片

父母可以准备一些滑稽搞笑的影视作品。父母和孩子一同观看、交流想法、哈哈大笑。在这个过程中，即使父母只是简单地附和孩子，做出相似的反应，孩子也会觉得父母富有童心，彼此之间“英雄所见略同”。

3. 表演说笑话

父母想要用童心和孩子交流，可以组织一家人表演说笑话。平时，父母可以引导孩子把看到的笑话收集起来，定期举办说笑话大会。父母和孩子把笑话讲给彼此听，配合上夸张的动作、表情，这种表演充满童趣。

父母有一颗童心，孩子就多一份开心。

保护孩子的幽默感

孩子天生就有幽默感。父母想要孩子成为一个幽默的大人，就要从小保护孩子的幽默感。

久久穿了一件黄色短袖。

久久：“妈妈，你看。”

妈妈：“哎呀，这么多小飞虫，因为……”

久久：“因为小虫子喜欢久久啊。”

妈妈立即附和道：“对，连小飞虫都喜欢我们久久。”

妈妈庆幸自己没把“黄色衣服果然容易招虫子”说出来。

孩子天生就具有幽默感，只要父母留心观察，很容易就能发现他可爱的小幽默。孩子突发奇想的各种点子，无一不充满着幽默感。

两岁是幽默感发展的关键期。这个年龄的孩子会故意做出本末倒置的事情，他学会假装，可以制造一些小小的恶作剧。在3~4岁左右时，孩子几乎看到非常规的行为就能找到笑点。比如，妈妈穿上爸爸的大棉服，小猫顶着小老虎的头套，这类情景会让孩子觉得很好玩，很开心。此时，孩子自己也喜欢做出非常规的举动。到了5~6岁这一阶段，孩子的语言感知能力会显著提升，一句普普通通的话也可能使他觉得好笑，还可以自己即兴编造绕口令、谜语，或是荒诞的词汇，和其他人分享。

既然从小就有幽默感，那为什么多数成年人却是无趣的？这其实和后天教育，尤其是父母的影响有很大关系。这里的影响不是指让父母教孩子如何幽默搞笑，而是父母能否对孩子的幽默表达做出正向反馈。也就是说，父母要懂得如何保护孩子的幽默感。

孩子的小幽默，在父母看来往往只是捣蛋抬杠。忙碌的父母没有时间、精力解读孩子的行为，体会其中的幽默感。于是，就错过了给予鼓励、保护孩子幽默感的机会。甚至，父母还可能在不经意间做出破坏孩子幽默感的举动。

当孩子做出一些幼稚的行为，或者说出一些令人哭笑不得的话，迎来的总是父母的制止，甚至指责。孩子觉得委屈、泄气，幽默的天赋逐渐被消磨掉。就算不能理解孩子的幽默感，也不妨多点耐心，看一看他的笑脸，表达欣赏，或者回馈一个夸张的动作。

幽默的孩子智商、情商都能得到很好的锻炼。从小乐于展示幽默感的孩子，总能对事件做出积极解读，经受挫折也能很快调整心态。因此，这类孩子往往更加乐观豁达，对他人也更加包容友善。

保护孩子的幽默感可以从多方面入手，比如，引导孩子接触成语典故、阅读风趣小说等。既给孩子一些幽默的启发，也可以锻炼孩子的语言表达能力。

1. 利用反差感

年幼的孩子往往对不和谐中隐含的幽默非常敏感，比如性别、颜色等有反差。所以，父母可以制造一些反差感，让孩子笑出来。

比如，妈妈拄着拐杖，像老人家一样蹒跚行走，说：“哎哟，谁看见我的拐了，谁看见我的拐了？”这种幽默就能够让孩子理解并感到快乐。

2. 和孩子一起玩过家家游戏

过家家，是年龄小的孩子常玩的游戏之一。孩子能够通过分配角色来体验职业、性别的差异，掌握简单的生活常识和技能。父母可以主动配合孩子，扮演一些捣蛋顽劣的角色。以此来丰富游戏的情节，让孩子获得更好的游戏体验，了解幽默感的运用。

3. 多说歇后语和双关语

当孩子能够用语言来表达幽默时，父母可以多说歇后语、双关语来增强孩子的幽默感。父母可以找一些贴近生活的歇后语来启发孩子。比如，“棒子面做蛋糕——不是正经材料”“老太太跳皮筋——非同儿戏”“老鼠掉进面缸里——翻白眼/因祸得福”“老鼠给大象指路——越走越窄”等等。

父母也可以在与孩子互动时多多使用双关语。比如“下巴底下支小锅——吵（炒）嘴哩”“外甥打灯笼——照旧（舅）”“对着窗户吹喇叭——名（鸣）声在外”“下雨不打伞——临（淋）到头上了”等等。

幽默，是能够伴随孩子一生的宝贵财富。父母将日常生活中的幽默展露给孩子，与他一起享受充满幽默与快乐的生活吧！

第八章

纠正孩子坏习惯的话术模型

孩子撒谎、赖床、晚睡、挑食、拖延……都有应对的妙招。

如何应对孩子的习惯性撒谎

父母希望孩子诚实，做错事勇于承认。但事实上，不少孩子都会习惯性撒谎。那么，父母想要纠正孩子的行为，应该怎么做呢？

小昙：“爸爸，你不要告诉妈妈我偷吃了冰激凌。”

爸爸：“好，我保证不告诉妈妈。”

一直躲在旁边的妈妈走出来，问：“小昙，今天吃了什么好吃的吗？”

小昙：“今天爸爸给我做了大餐，很好吃。”

妈妈：“是吗？有没有忘记什么？”

小昙：“没有啊。”

妈妈低头亲了一下小昊，说：“可是你身上有巧克力的味道，甜甜的。”

小昙：“我，我……”

妈妈：“让我猜猜是哪只小馋猫吃了冰激凌。”

很多时候，相比于拆穿孩子的谎言，不拆穿起到的教育效果会更好。不拆穿是一种点到即止，不仅能保护孩子的自尊心，还能让他意识到自己的谎言已被发现，有自我警醒、主动改正的机会，能有效减轻孩子谎言被拆穿的难堪心情。

说谎其实是孩子成长中必然会经历的事情。有研究显示，3 岁孩子撒谎的概率是 60%，4 岁则上升为 75%。随着年龄的增长，孩子的撒谎能力也在与日俱增。3 岁孩子撒谎只是希望利用谎言左右他人的行为，而 4 岁孩子就能大概判断自己说谎的目的以及是否可信，甚至进一步“圆谎”。说谎看似是上下嘴皮子一碰，其实代表着孩子表达能力和思考能力的提高。脑神经科学家约翰·梅迪纳解释称，当孩子发现对父母撒谎能不被发现时，他会在惊讶之余，频繁撒谎，并逐渐精通。这种行为有助于提高孩子的洞察能力，了解他人心理，预测他人行为，提高逻辑思维能力和表达能力。

同时，约翰·梅迪纳也强调，如果只因认知发展，而不是孩子无意识地模仿他人，那撒谎行为会非常少，甚至没有。孩子说谎不可能毫无理由，父母简单地认为孩子说谎是因为品德不好或有坏习惯，进而批评、惩罚他，不但不能解决问题，还有可能刺激孩子说出更多的谎话。

罗素说：“孩子不诚实几乎总是源于惧怕。”孩子说谎往往只是出于自我保护，或是担心受到责罚。越是被严厉教育的孩子，反而越容易说谎，因为他们往往更加惊慌，不知道怎样应对眼前的情况。孩子会本能地保护自己免受伤害，从父母严厉的神情和语调中，孩能敏锐地感知到“危险”，惴惴不安。

于是，当被责备时，孩子会本能地、固执地否定事实，逃避更多的责罚，保护自己。但是“狡辩”“嘴硬”恰恰说明孩子已经知道自己做错了，只要父母注意分寸，趁机给孩子树立正确是非观，就能让他积极地面对错误。

父母的态度关系着孩子今后是否会习惯性说谎。只有父母足够平和、坚定，孩子才能不叛逆、不畏惧。父母不妨和孩子心平气和地聊一聊，引导他从容面对并改正自己的错误。

1. 表达“你可以被原谅”

如果孩子已经意识到说谎是错误的行为，父母不妨温柔地说：“你这样做一定有你的道理，你愿意告诉爸爸妈妈吗？”“我理解你……（做法），既然你已经意识到自己的错误了，爸爸妈妈愿意原谅你。”“你说的理由，爸爸妈妈都愿意听。”既然孩子已经习惯性说谎了，父母再拆穿或者责备，只会让孩子更加抵触说实话。这时，只有先一步表达原谅、包容的态度，才有可能打破孩子的心理防线。

2. 表达“我明白你为什么说谎”

当孩子愿意和父母倾诉时，父母一定要耐心听孩子讲完。其间，父母最好保持平和、理解的姿态，可以适时插一两句“怪不得你……”“原来是这样”“你一说我就懂了……”父母也可以加上微笑、点头等表情、动作来表示认同，引导孩子说实话。

3. 教孩子如何解决问题

明明是孩子打碎摆件、弄乱房间，他却不肯承认。面对这种情况，父母可以先告诉他：“打碎摆件要和爸爸妈妈道歉，然后用你自己的零花钱赔偿。”“弄乱房间应该自己整理好，整理复原就没关系了。”父母既要让孩子自己付出代价来解决问题，也要多做安慰，表达对他的爱与支持。

另外，如果事件牵涉外人，父母要明确地告诉孩子：“爸爸妈妈会陪你一起道歉的，爸爸妈妈……（要做什么）你……（要做什么）。”这样，孩子渐渐就不会因畏惧承担责任而撒谎逃避了。

孩子撒谎大多是无心的，但撒谎毫无疑问是错误的行为。父母原谅、引导孩子的同时，也应在他心中建立正确的道德标准，才能让孩子不再依靠撒谎来解决或者逃避问题。

48. 孩子早上不肯起床该如何说

众所周知，孩子按时早起是一件非常困难的事情，看他困倦得睁不开眼睛的样子，父母也心疼。但按时早起是一个无法回避的问题，于是，很多父母会选择一把掀起被子，由此开始鸡飞狗跳的清晨。

妈妈:“快点起床,太阳都晒屁股啦!”

小格:“好。”翻了个身继续睡去。

妈妈:“你怎么还没起来,再不起床就没时间吃饭了。”

小格:“嗯嗯,再睡五分钟。”

妈妈:“再不起床,妈妈就掀你被子了!”

小格:“这就起!就知道催!”

想要培养孩子早起的习惯,就得先了解孩子为什么喜欢赖床。

1. 强硬的叫醒让孩子愈发抵触。孩子赖床时,父母如果用很不耐烦的语气批评、督促孩子。孩子也受到影响,变得烦躁、抵触,拖拖拉拉不肯起床。

2. 假期睡懒觉养成坏习惯。孩子上学时需要早起,假期就会补偿性地睡懒觉。父母心疼孩子上学辛苦,往往会纵容他多睡一会儿。但孩子睡惯了懒觉,一旦上学,就很难马上适应需要早起的作息了,也就开始赖床了。

3. 借赖床逃避现实。孩子不肯起床,也许是有不想面对的事情。比如,孩子在幼儿园或者学校过得不开心,不愿意起床去上学。

4. 没有“必须按时早起”的概念。年龄较小的孩子,没有上学等必须早起的事情要做,自然不乐意早起。其实,父母也有想要睡懒觉的时候,只是父母知道生活中有比赖床更重要的事情需要去做,可年幼的孩子只会把眼前的困倦当作第一重要的事情。

孩子早上不肯起床虽然是正常现象，但如果每天早上都需要费许多时间，三催四请，也很折磨父母。而且如果催促太过，还有可能刺激出孩子的起床气。所以，父母不妨斟酌话术，引导孩子高高兴兴地早起。

1. 提前约定

父母可以在孩子睡前问孩子："早上七点起床，你想要我喊你，还是自己定闹钟？"让孩子提前做好心理准备。父母也可以询问孩子："你想要我怎么喊你起床？"并给孩子提供几个选择，比如一个早安吻，或者说"我的小宝贝要起床啦"。父母让孩子选择他喜欢的方式，会使他比较愿意接受。如果孩子是习惯性赖床，父母可以提前 5~10 分钟叫醒他。比如："过一会儿就要起床了，妈妈先帮你把衣服穿好，等衣服穿好就可以睁开你的眼睛啦！""马上要起床啦，现在醒醒神，5 分钟后妈妈再叫你，你就起来。"

2. 用童谣或儿歌唤醒孩子

孩子睡得正香，突然被人叫醒，自然不高兴。父母可以选择念童谣的方式来叫醒孩子。比如："大吊车，真厉害，轻轻一抓就起来。"（出自京剧《海港》）父母边说边用手轻轻拉起孩子的肢体："一个手指变啊变，变成小虫子，在你身上爬啊爬。"然后用手指挠醒孩子。父母把手指放到孩子的鼻子上时可以说："小虫子爬到鼻子上啦！"把手指放到耳朵上时，说："小虫子要钻进耳朵里啦！"

也可以用孩子喜欢的儿歌唤醒孩子。研究显示，欢快的音乐传递的愉悦轻松的情绪，会唤醒孩子的大脑和身体。

3. 用有趣的小游戏叫孩子起床

没有孩子不喜欢游戏。让孩子在有趣的游戏中醒来，孩子会很开心。下面推荐几款适合叫孩子起床的小游戏：

“小虫子来啦”游戏

父母可以在被窝外面，用两根手指在孩子身上走来走去，说：“小虫子来啦，小虫子要咬人啦。”孩子就醒了。

“布偶替身”游戏

父母可以拿几个布偶，如小熊、小老虎来叫醒孩子。

小熊站在床头喊：“起床，起床，猜猜我是谁啊？”孩子睁眼：“小熊！”小熊说：“今天我陪你一起去学校吧！”这样聊了几句以后，孩子就清醒了。

“抓娃娃机”游戏

父母也可以装作自己是一台抓娃娃机，配上“吱嘎吱嘎”的声音，抓住孩子的胳膊提起来，并说：“看我把这个躺着的娃娃夹起来。”然后装作抓取失败放下胳膊，再乐呵呵地抓。孩子就会被逗乐，开心地清醒、起床。

4. 表达坚决的态度

如果孩子没能在规定时间起床，父母一定要表达自己坚定的态度，继续要求他独立执行计划，即使迟到也不要帮助他，让他自己承担后果。父母的态度要坚决，但不能批评，既要让孩子感受到父母对他的信任，也要让他学会对自己的行为负责。

《城南旧事》的作者林海音就曾在《爸爸的花儿落了》里面描写过自己的赖床经历。一年级时，林海音赖床不起，爸爸不许她上学乘车，不管耍赖哭求，也坚持让她自己去上学。在意识到爸爸不会改变后，为了不因迟到被罚站，林海音就成了“每天早晨等待着校工开大铁栅栏校门的学生之一”。只要父母态度坚决，孩子就只能打消赖床的念头。

孩子能否按时早起，不只是生活习惯问题，它还关乎着孩子时间观念的养成，以及自我控制能力的培养。父母按时叫起孩子，才能让他更好地迎接新的一天。

晚上孩子不肯睡觉该怎么办

到孩子该睡觉的时间，父母就开始伤脑筋了。好不容易把孩子哄上床，他却还瞪着眼睛不肯入睡。威逼利诱，吼叫、恐吓，各种方式尝试一遍，最后孩子不情不愿，甚至哭着睡了。

妈妈：“别玩了，快上床睡觉！这么晚了！”

陶陶：“等一会儿，我马上就睡。”

妈妈:“这都几点了，还不赶快上床睡觉。再给你3分钟，再不上床我就要生气了！”

陶陶:“知道了，知道了。”

妈妈:“还不动，你是要我亲自把你拖上床吗？”

陶陶:“我还没玩完呢！”

首先，很多孩子不愿意睡觉，“没玩够”是一个重要原因。就像成年人就算白天工作很忙，晚上也会透支睡眠时间来打游戏、刷微博、追剧等。同理，孩子在学校受了一天的束缚，回家也想撒欢玩儿。而当孩子在睡前全情投入地看喜欢的动画片或者打游戏时，大脑就会感到兴奋，很难立刻转变为睡眠状态。此时却被父母喝停，孩子只会说“我不困，让我再玩会儿”。

其次，缺乏安全感也是孩子不肯睡觉的常见原因之一，特别是刚开始和父母分床睡的孩子。周围的一切对于年幼的孩子来说都是陌生而可怕的，当最亲近的父母不再陪他睡，他会觉得自己在危险的环境中失去庇护，害怕得睡不着，也抗拒入睡。并且，突然不能在父母的怀抱中入睡，孩子一时之间很难适应，会下意识选择耍赖、拖延，借此让父母来哄自己入睡。

孩子不愿意睡觉的原因还有很多。比如，对噩梦感到恐惧。年幼的孩子由于认知发展有限，难以区分梦境与现实。做过噩梦后，孩子会感到恐惧，开始下意识排斥睡觉。再比如，房间过于嘈杂、明亮，孩子身体不适，白天睡眠过多等。

虽然孩子还小，但他作为一个个体也想维护自己的独立性。拒绝父母的要求，不去睡觉也是抗争父母、坚持自己意愿的体现。父母如果只是强硬地要求，很有可能适得其反。

1. 提示孩子睡觉的时间到了

如果孩子无论如何就是不睡觉，父母可以抱着他看夜晚的天空，并问："太阳去哪里了？"然后在孩子产生疑惑后，做出解释："太阳知道天黑了，就回家睡觉去了。"然后父母再说："晚上太阳都去睡觉了，爸爸妈妈也要去睡觉了，那你是不是也该睡觉了？"此时，孩子心里就会产生一种认同感：天黑了，太阳和爸爸妈妈都去睡觉了，那我也应该睡觉。或者，父母也可以指着孩子喜欢的玩具，比如毛绒公仔等说："你看，现在是小熊的睡觉时间，你要不要陪它一起睡呀？"父母还可以让孩子和玩具一个个道晚安："来和你的好朋友说晚安。"孩子在陪伴、照顾玩具的过程中，自己也会不知不觉地入睡。

2. 适当让步不强迫

晚睡习惯不可能立刻改变，父母不妨适当让步，以免孩子对睡觉更加排斥。比如，第一天，父母可以说："你可以过半个小时再睡觉，但不能看电视。"第二天，父母可以说："我陪你玩 20 分钟，然后你就得上床。"到了第三天，父母就可以说："看看书，还有 10 分钟就到睡觉时间了。"父母慢慢来，帮助孩子逐渐向合适的入睡时间靠拢。

另外，父母不要强求孩子在一个精确的、固定的时间入睡，把享受变为强迫。只要保证孩子睡眠充足，无论是早半小时还是晚十分钟，父母都可以灵活调整。

3. 用选择代替催促

父母在催促孩子睡觉时，不妨给他们一些选择。比如，父母可以说："马上就要上床了哦，你是想先去洗漱，还是先听爸爸妈妈给你读绘本呢？""你是想穿这套绿色的睡衣，还是另一套黄色的睡衣呢？"

这个方法对于年龄小的孩子来说十分有用。此时，他会自然而然地从两个选项中做出选择，然而无论他选择什么，都是在加快入睡的进程。

4. 用承诺来提前满足期待

无论是"没玩够"还是"缺乏安全感"，父母都可以通过承诺来让孩子提前满足。比如，孩子一直在玩，不肯睡觉，父母可以说："现在去睡觉，可以让你明天多玩半个小时。"孩子知道明天还有很多时间可以玩，就同意上床睡觉了。

再比如，孩子刚开始和父母分床睡，父母可以向他承诺："爸爸妈妈过一段时间就会来看你一次，放心睡吧，爸爸妈妈会保护你的。"然后，父母可以交替，每隔 5 分钟去看一次。这可以让孩子知道，过一会儿，爸爸妈妈就会回到自己身边。渐渐地，孩子就能自己安抚自己，摆脱对父母的依赖，平静地入睡。

父母耐心引导孩子准时上床睡觉，久而久之，孩子就会养成按时入睡的好习惯。这不仅是让孩子拥有充足的睡眠时间，还是在给他编织一场香甜的美梦。

孩子不好好吃饭、挑食时的话术

不好好吃饭、挑食似乎已经成为孩子们的通病。不论父母如何变着花样做菜，孩子就是不肯吃。父母生气又心急，餐桌变成了战场，父母软硬兼施，而孩子则油盐不进，不肯吃饭。

场景回放

餐桌上，璐璐拨弄着碗里的胡萝卜，迟迟没有吃掉。

妈妈："怎么不吃？胡萝卜多好吃呀！"

璐璐："妈妈，我不喜欢吃胡萝卜，味道好怪！"

妈妈："不喜欢也要吃，吃胡萝卜才能身体棒棒的。"

璐璐："我吃饱了，不吃了。"

妈妈："不就是块胡萝卜嘛，快吃掉，别磨蹭！"

璐璐："知道了。"说罢，她皱紧眉头把胡萝卜送进嘴里。

妈妈："这才对嘛。"

璐璐："胡萝卜真难吃，我再也不吃了！"

心理分析

对于孩子挑食、不肯好好吃饭的问题，父母们威逼利诱，软硬兼施，可谓大展神通。

久而久之，孩子对于吃饭这件事，越来越抗拒。

孩子一直被迫吃饭，在吃饭过程中必然会产生大量的负面情绪，这些负面情绪会让年幼的孩子直接把“吃饭”等同于“难过”，极容易导致孩子出现厌食的状况，因为心理上对吃饭的厌烦已经影响了他的食欲。

然而，父母在埋怨孩子挑食的同时，是否反思过，这也许不是孩子的错，而是父母的操作失当呢？著名心理学家本杰明·斯巴克曾指出：“为什么吃不下东西的孩子有那么多？原因就是喜欢逼迫孩子吃饭的父母不在少数。”

其实，孩子挑食与父母的态度有很大的关系。早在婴儿时期，孩子对于食物的偏好就已经出现，如果孕妇在妊娠期间有偏食、厌食的状况，那么出生的孩子也有很大概率出现偏食、厌食的倾向。有调查显示，父母的知识水平越高，孩子挑食、厌食的概率也越大。因为这些父母会根据营养学知识，让孩子食用有利于身体发育的食物，这种强迫孩子食用单一食物的行为，往往会引起孩子对某一类食物的抵触。

科学家认为，孩子的饮食习惯大多形成于3岁之前。因此，在孩子3岁前，父母如何给他喂食是非常重要的。如果父母仅仅把喂孩子当作一项机械的任务，不顾孩子的喜好，逼迫他吃父母认为有营养的食物，那吃饭就无法给孩子带来愉悦。这样长大后，孩子也只会把吃饭当成是补充营养的形式，他缺乏对美味的喜爱，不会对吃饭产生期待和热情。

想要让孩子避免出现挑食、厌食的问题，父母不妨把“主动权”交给孩子，引导他自己去发现食物的魅力，打心底里爱上吃饭。

1. 让孩子决定吃多少

在孩子小的时候，父母就让他自己决定吃多少饭。一个从婴儿期就自己吃饭的孩子，是不大可能不爱吃饭的，因为没有孩子是不爱“吃”的。如果孩子年龄很小，父母可以决定孩子每天吃什么食物，从食材和烹饪的角度保证营养的补充。但吃多吃少，可以让孩子自己决定。

父母不强迫孩子吃东西，孩子就会意识到吃饭是自己的事情如果有些父母已经习惯了强迫孩子吃饭，那不妨从现在开始，不再强迫，让孩子自己决定吃多少。也许孩子在短时间内还是不愿意吃饭或者挑食，但用不了多久，身体的本能就会让他主动进食，补充身体缺乏的营养。

2. 给孩子积极的心理暗示

父母不妨多给孩子一些积极的心理暗示。比如“豆子里有维生素B，多吃豆子可以长高高！”“鸡蛋、瘦肉和牛奶能让宝宝变得强壮哦”“吃鱼宝宝就能变聪明”“青菜、水果里有维生素C，爱吃的人皮肤都滑嫩嫩的，还能增强抵抗力，少生病！”……食物对应的营养价值非常丰富，之所以进行简单粗糙配对，就是为了勾起孩子对食物的兴趣，并方便他记忆，由此更好地进行心理暗示，让孩子自己“强迫”自己吃更有营养的食物。

3. 邀请孩子参与做饭

父母可以问孩子："你想要吃什么菜？"或者带着孩子一起购买食材。父母还可以邀请孩子一起做饭，可以给孩子一小部分青菜，教会他如何择菜、清洗或者切菜，让孩子参与到食物的制作过程中，可以增加他对食物的了解。同时，面对自己参与制作的饭菜，孩子也会忍不住想要尝一尝。

吃饭是一件快乐的事情，父母不需要去强逼孩子接受他不喜欢的食物。尊重孩子的偏好，给他一些时间，孩子就能更好地发现食物的美味之处。

如何改掉孩子沉迷于手机的坏习惯

不少孩子沉迷于手机，不学习、不运动、不吃饭，也不和朋友一起玩，所有的时间都用来玩手机。父母即使严防死守也毫无作用，于是就怪手机毁掉了好好的孩子。

妈妈："你干什么呢！写作业不准玩手机！"

小圆："我马上就写完了。"

妈妈："把手机给我，等写完再还给你。"

小圆："我等会还要用手机查题呢！"

妈妈："你有不会的问我就行，快把手机给我！"

小圆气呼呼地把手机扔给妈妈，对着作业唉声叹气，迟迟没有落笔。

孩子为什么会对手机如此上瘾？其实，这不仅仅是因为手机的吸引力巨大，父母对手机的错误运用，也会加剧孩子对手机的沉迷。有些父母全面禁止孩子接触手机，而这往往会起反作用，禁止只会让孩子对手机更加好奇，增加其吸引力。

当孩子对手机上瘾，父母强硬地要求孩子不使用手机，就好像剥夺了孩子心灵的庇护所。孩子的心智不成熟，失去手机很可能会给他一种生活没有意义的错觉，进而使他做出激烈的反抗，比如拒绝上学、离家出走，甚至更加过激的行为。

还有些父母习惯把玩手机当作学习的"奖励"，比如"作业写完，就让你玩半个小时手机"。父母把玩手机和写作业这两件原本毫无联系的事情硬绑在一起，这就给孩子造成了一种错觉，学习、写作业是痛苦的事情，需要忍耐，可以应付，玩手机则是快乐的事情，而完成作业的最终目的就是玩手机。在父母的错误引导下，孩子对手机产生了深深的依赖。

有些孩子沉迷手机，则是借此来逃避现实中的各种问题。比如，有些性格孤僻的孩子在学校不受老师喜爱，没有十分亲近的同学，于是他用手机和一群网友打游戏。这就不是单纯地沉迷手机，而是希望通过手机与他人建立情感联结，弥补自身的缺憾。

还有很多父母，相比起关心孩子本身，更关心他的成绩。再加上随着孩子逐渐长大，不愿意和父母沟通自己的私事，就很容易去虚拟的网络世界中寻找归属感，进而沉迷不醒。

父母要做的不是让孩子与手机隔离，而是看到孩子隐藏在手机背后的问题，只有这样，才能帮孩子从根源上戒掉手机。

把手机放到孩子手中，不会毁掉孩子。没有教会孩子正确使用手机才会真正伤害孩子。父母想要避免孩子沉迷手机，不妨与他多多交流对手机的看法，循序渐进地影响他。

1. 和孩子聊聊手机

父母可以多和孩子聊一聊他感兴趣的手游、视频，借此找到和孩子之间的共同语言，获得他的认同。

比如，孩子看小说，父母可以说："这个小说叫什么？最近无聊，有没有好看的推荐一本给我。"孩子喜欢打游戏，父母可以问孩子："这个游戏怎么操作？带我玩一局好不好？"

父母从孩子感兴趣的事物入手，在了解孩子的同时，也可以让孩子逐渐卸下心防，更容易听进去父母的劝告。

2. 委婉指出需要改进的地方

父母可以选择适当的时机，委婉地告诉孩子，他在某些地方需要改进。比如："我一连看了两个小时电脑，现在眼睛好痛，你每天玩这么长时间的手机，眼睛难不难受？”

父母委婉地告诉孩子他需要做出哪些改变，并用自己的行动潜移默化地影响他。持之以恒，孩子就能渐渐摆脱对手机的依赖。

3. 与孩子约定玩手机的时间

如果孩子沉迷手机，控制不住自己，父母可以和孩子约定玩手机的时间。比如："这个月你每天只能玩半个小时的手机，只要坚持住，爸爸妈妈就带你去……（孩子感兴趣的地方）""这周你要是能做到每天只玩一个小时的手机，爸爸妈妈就带你去吃……（孩子喜欢的食物）"。

父母还可以做出适当的惩罚，比如："做不到的话，就罚你一天不准玩手机。"孩子同意后，父母可以把约定写在纸上，贴在显眼的位置，确保孩子可以看到。

父母保持耐心慢慢引导，让孩子自觉地放下手机。只有这样，他才愿意抬起头，并发现手机之外的美好生活。

怎样改变孩子爱插嘴的习惯

每当父母和其他人交谈时，孩子就想要参与进来，围在父母身边插嘴，打断原本融洽的对话。这时，父母也许会训斥一句"大人说话，小孩别插嘴"，这却会让孩子感到委屈。

妈妈在和朋友聊天，小兰在一边玩耍。

妈妈："那家店的衣服……"

小兰："妈妈，我想吃小饼干。"

妈妈中断谈话，说："在茶几上，你自己拿。"

妈妈转过身，和朋友继续刚才的话题："那家店主打复古风……"

小兰："妈妈，什么是复古？"

妈妈："我在和阿姨聊天，你能不能不要说话了？自己去玩吧！"

很多父母不知道如何处理孩子突如其来的插嘴，只会大声斥责："大人讲话，小孩子不要插嘴！"这句话看似平常，却严重伤害了孩子的自尊心。

其实，小孩子插嘴有时候并非有意为之。年龄小的孩子大多只会关注自身的感受，做不到站在他人的角度替他人着想，这时他们的行为只是单纯遵循自身的想法，所以常常忽略他人的感受。"插嘴"只是孩子表达自己内心需求的一种形式而已。

孩子插嘴，通常也是想要赢得关注。当父母和其他人一起谈天说地时，孩子感觉被忽视，就会通过插嘴的方式来博得注意。还有些孩子是因为表达欲比较强，发现父母正在谈论的是自己感兴趣的话题，就克制不住想说出自己的见解。特别是当父母所说的话题是他曾经接触过，或者有一点点了解的，他就会非常急迫地想让大家倾听他的看法。但由于孩子缺乏对话、表达的经验和技巧，见识有限，通常只是打乱大人之间的对话，让父母误以为他是在故意捣蛋。

如果父母曾在别人交谈时加入其中，孩子看到就会以为插嘴是没有问题的，这是因为他并不能区分“插嘴”和“加入谈话”的区别。父母如果没有对孩子进行正确引导，他可能无法意识到“插嘴”是不妥当的。

如果父母在不沟通、不倾听的前提下，强硬蛮横地要求孩子闭嘴，是对孩子的不尊重，会令孩子情绪低落，排斥与父母沟通，同时也会扼杀孩子的表达欲。

阻止孩子插嘴，可能会消磨孩子发表独立见解的勇气。但父母也不能就此放任，面对孩子的插嘴，父母不妨按捺住自己的脾气，在事前事后多和孩子交流，让孩子明白插嘴是错误的，并且引导孩子看场合和时机发言。

1. 约定发言暗号

在平时，父母可以和孩子约定一个发言暗号。比如，父母可以对孩子说：“突然打断别人说话很不礼貌，如果你一定要说话，可以举手。”这既能让孩子体会到父母对自己的理解，也可以让孩子学会克制与等待。

2. 告诉孩子要等别人说完再说

父母在教孩子如何加入对话时，可以告诉孩子：“想要和其他人说话，一定要听清楚别人说了什么再说话。”或者“如果你有话要说，可以等其他人说完再说。”

父母可以和孩子解释清楚，只有在其他人的讲话告一段落，或者有较长停顿时，才可以表达插入对话的意愿。同时，父母在允许孩子插话后，可以给孩子留一段时间，倾听他的表达，并表示肯定或指出不足。

孩子有在人前表达想法的意愿是十分可贵的，父母不妨珍惜这种特质，合理引导，把孩子培养成有礼貌、有见解、敢表达的人。

如何说服孩子主动做家务

很多父母辛苦一天回到家后，看到脏乱的房间和等待吃饭的孩子，还要拖着疲惫的身体投入下一轮劳动。帮父母分担一些力所能及的家务，对孩子来说是十分必要的，但大多数孩子似乎并不喜欢做家务。

妈妈下班后，看到乱糟糟的房间，心情糟糕到了极点。

妈妈：“楚姗，别玩了，脱下来的衣服怎么乱扔呀，放洗衣机里！”

楚姗磨磨蹭蹭地拿衣服，妈妈又说：“你自己的卧室也好好收拾一下。这么大还不知道自己整理房间。”

楚姗：“知道了！”

妈妈：“你还不乐意，你在家玩了一天也不知道做家务。我上一天班回来累死了，还得给你收拾。”

楚姗：“我这不是在收拾嘛！”

不少父母吐槽自己的孩子懒惰，不知道收拾房间，不叠被子，甚至脱下的脏衣服就随手扔在一边，不愿意多走几步路放进脏衣篓……

为什么孩子长大了，却越来越不愿意做家务了？这或许并不是因为孩子懒惰，而是父母的教育方式出现了问题。

小时候，孩子想要帮忙摆碗筷，父母看到却立刻紧张万分，边夺过他手中的碗，边念叨“别乱动啊，碗摔碎不说，你也得受伤，这里不用你帮忙，一边玩去”。于是，孩子就只能坐在餐桌前，等父母拿碗盛饭，并渐渐习以为常。孩子下楼顺手扔个垃圾，父母看到也会立马制止他：“这个脏，爸爸妈妈扔就好，你不用管。”“你哪拎得动，回头再撒了。”每当孩子想做点家务，父母都会找各种理由来阻止他。久而久之，孩子自然越来越懒惰，不再主动做家务，理所当然地看着父母忙忙碌碌。

当孩子吃力地擦干净一扇窗户，满心欢喜地等着夸奖时，父母却毫不留情地责备：“都擦花了，别在这里添乱了。”然后又怒气冲冲重新擦一遍。孩子吃力不讨好，就再也不想主动帮父母分担家务了。

还有很多父母认为孩子有义务分担家务：洗碗、收拾桌子、叠衣服、跑腿买东西等等。父母大多直接命令："去把垃圾倒掉，都放了好几天了。""快把这里收拾下，简直像个猪窝。"……这样的句式只会让孩子感到被指责、被命令，进而更加排斥做家务。孩子拒绝或者做得不够好，父母就会训斥："真不负责任，也不知道体谅父母的辛苦！"于是孩子更加无措、愤怒。明明家务也做了，却得不到父母的尊重和好脸色，久而久之，孩子逐渐心灰意冷、厌烦抗拒做家务。

做家务可以很好地锻炼孩子的动手能力，培养他的责任心。父母不妨趁孩子年纪还小，着手培养孩子做家务的技能。只要在孩子学习做家务的过程中，多些鼓励和尊重，孩子就愿意尝试。

1. 对孩子说"拜托"

相较于命令的口气，拜托口吻能更好地调动孩子的情绪。

父母不妨对孩子说："我能拜托你……吗？""拜托，可不可以请你……"或者"你能把……吗？拜托啦！"多用拜托的口吻，也能让孩子觉得父母需要自己的帮助，更乐于接受请求。

2. 及时给予肯定

孩子在得到肯定后才会更有动力继续做下去，所以，在孩子做家务时，父母不妨多多夸赞，表示对他的劳动的认可。

父母可以说："你把桌子擦得真干净，多亏有你，爸爸妈妈才不至于手忙脚乱。""整理得好整齐啊，爸爸妈妈没有时间收拾，你能看到并且收拾好，真是太棒了！”父母可以告诉孩子他做得有多么好，他帮了爸爸妈妈的忙，让孩子从夸奖中明白做家务的意义。

3. 告诉孩子具体该怎样做

父母对年龄较小的孩子说笼统的话，比如“把客厅收拾好”可能会让他感到困惑，无从下手。因此，父母不妨把“收拾客厅”分为具体的几个任务，一个个分派给孩子。比如父母可以说：“把客厅里的玩具装进箱子里。”“把桌子上的东西摆放整齐。”“把客厅的地板擦干净。”“把沙发上的衣服叠好。”这样，孩子就能准确地知道他到底需要做些什么。

另外，如果孩子不会做家务，父母可以手把手教孩子，耐心解答他的困惑，直到确认孩子能够独立完成你下达的任务。

4. 对孩子说“谢谢”

当孩子做完家务，等着父母来验收成果时，父母可以高兴地对孩子说一声“谢谢你……（孩子具体的行为）”并附赠一个大大的拥抱或者拍拍他的肩膀。

也许父母会觉得这很形式、很别扭，但这可以让孩子感受到父母的重视和喜悦，获得成就感，之后更愿意做家务。同时，父母的一声“谢谢，你做得真的很好”，不仅是在表达对孩子的尊重与感谢，也能让孩子学会尊重劳动，感谢父母。

孩子幼年时期，在家务劳动中获得的动手能力和思维能力，培养出的责任感以及对生活的热爱，将伴随他之后的人生，使他获益无穷。

应对孩子丢三落四的话术

很多孩子都有丢三落四的小毛病，特别是上学之后，父母总会接到孩子的求助——给自己送东西。孩子带出去的水杯、课本也常常忘记带回家。为此，父母不得不跟在孩子身后面面俱到地提醒他，操心又疲惫。

场景回放

妈妈："你的水杯哪里去了？"

可可："可能落在学校了吧。"

妈妈："出门前别忘了戴口罩！"

可可："知道了！"

妈妈："你作业本有没有拿？"

可可："我不记得了，你快帮我看看。"

妈妈："带了带了，好了，上学去吧！"

心理分析

面对孩子丢三落四的毛病，一般父母的应对策略就是不停地提醒："不要忘记……""……你带了吗？你确定吗？"一件事情提醒多次，被称为"过度提醒"。美国教育家朱莉·利思科特解释，所谓

“过度提醒”就是，父母对于孩子的生活，有过度保护、指导与介入的倾向。虽然，父母一遍遍提醒的出发点是希望孩子做事能少出差错，结果孩子依然会忘东忘西，甚至更严重。

心理学家指出，丢三落四通常只会偶然发生，如果是持续出现的话，那一定是有特殊原因的。

心理学研究表明，孩子好奇心旺盛是丢三落四的一个重要原因。旺盛的好奇心会使他关注非常多的事情，注意力容易被分散。比如，孩子这一刻正玩着小汽车，扭头看到放在一边的拼图，便去拼拼图。拼了一会儿，发现小汽车被丢在一边，又去玩小汽车，于是拼图又被忘记了。

有些父母大包大揽，替孩子做好一切，导致孩子过于依赖父母，即使长大也会丢三落四。比如，父母告诉孩子：“今天有可能降温，你要记得多穿一件外套。”然后在孩子出门之前的这段时间内，反复提醒他不要忘记带外套。等哪天没有提醒，孩子就忘了。

如果父母每天都替孩子看天气预报并提供穿衣指南，孩子自然就不会留意天气，思考穿什么衣服，他会一直依赖父母的帮助。甚至，在他忘记添衣时，还会责怪父母没有提醒他。因为在孩子看来，这件事已经不是他的责任，而是父母的义务了。

如果从一开始，父母就把关注天气、增减衣物的事情交给孩子自己来做，假如某一天孩子在寒风中瑟瑟发抖，就会总结经验教训，然后牢牢记住每天要看天气预报、增添衣物。当然，父母在实际与孩子相处的过程中，完全可以避免出现这种情况。让孩子从小就自己负责整理东西，积累经验，他很快就能独立判断自己每天需要带些什么，并确认无误。

也许父母会觉得孩子丢三落四是小问题，只要多提醒几次，让他把忘记的东西带上就可以了。但正是这种“包办”“纵容”的态度，让孩子养成了丢三落四的毛病。

孩子每天追着父母说这个不见了，那个又找不到了，很容易让父母感到暴躁。不过每个人都会遗忘、弄丢东西，父母不妨平复情绪，抓住机会好好引导，帮孩子改掉丢三落四的毛病。

1. 适当地提醒

对于年龄较小的孩子，父母可以适当地提醒他，但不要去叮嘱他或者帮他查缺补漏。比如，在孩子出门前，父母可以问他：“东西都带齐了吗？有没有检查一遍？”“确定没遗漏什么吧？”

如果父母确定孩子忘记了某样东西，就可以提醒：“你之前一直想带什么来着？带了吗？”“我记得你说今天要带个什么东西，放到包里了吗？”

父母让孩子自己去回忆、检查时，他就能够知道自己需要携带哪些东西，渐渐改掉丢三落四的毛病。

2. 告诉孩子停止提醒的时间

对于年龄较大却习惯丢三落四的孩子，父母可以事先告诉他：“整理书包，带齐物品是你自己的事情，从今天起，爸爸妈妈不会再提醒你了。”“明天爸爸妈妈不会再提醒你，看看你能不能自己把东西都带齐。”或者“明天你要自己把东西都准备好，爸爸妈妈可没有时间帮你送。”当孩子知道父母以后不会提醒、帮助他时，他就能够格外注意并牢牢记住需要准备的东西。

3. 在孩子没有丢三落四时多肯定

当孩子没有丢三落四时，父母可以对孩子说：“你没有忘记带……真是让我松了一口气。”“准备充足，一样都没有落下！”“不用向老师解释，催着爸爸妈妈给你送东西，感觉是不是很好？”

父母可以多说一些不丢三落四的好处，让孩子认识到带好所有东西，就不用体验那种紧张不安、惊慌失措的感觉。

在孩子小的时候，丢三落四或许只是一个小问题。但如果不及早纠正，就可能变成无法治愈的顽疾。所以，父母不妨现在开始帮孩子纠正，让他学会好好打理自己的生活。

55

孩子写作业拖拉时该如何说

孩子写作业总爱拖拖拉拉，明明八点前可以写完的作业，一定要拖到十点。父母为此伤透脑筋，孩子却依旧不慌不忙，于是父母就控制不住地发火、责骂。

陶陶翻开作业本，拿起笔写了几个字，然后开始摆弄手上的笔。

妈妈："认真写作业，别玩了。"

陶陶："谁玩了，我在思考。"

妈妈："抄生字不需要思考，快写！"

陶陶："我饿了，今晚吃什么呀？"

妈妈："你写完就知道了。"

陶陶用笔敲敲桌子，然后又敲敲墙壁，接着又开始敲课本。

妈妈："你写不写？再不写我揍你了！"

陶陶叹了一口气，写了几个字，说："我要去厕所。"

妈妈："去吧，去吧！一写作业就要上厕所！"

有人发帖问"陪孩子做作业，都会遇到什么奇葩事？"留言区热闹非凡："孩子做作业拖延症，我被刺激出狂躁症！""一到晚上，我家整栋楼都是我的吼叫声。""陪写作业半年，我做了心脏搭桥。"

表面看来，孩子只是写作业拖拉，其实，还有许多父母不知道的情况。

1. 学习基础差，不会做题

孩子的基础差，上课时难以及时接收、消化老师传授的知识。没有学会相应的知识，作业自然做不出来，有时甚至连题目都读不懂。此时，父母越是辅导，越会忍不住暴躁。孩子也会因为感到恐惧、紧张而停止思考，不知所措。

2. 拖拉可以逃避更多的任务

很多父母都喜欢在孩子做完作业后再额外给他安排一些任务。当孩子发现作业永远也写不完时，他很自然地会想：“我为什么要快点写作业？写完了我也没有时间玩！”“慢点写吧，慢点写还可以少写一点。”拖拉就这样成为孩子对抗父母的一条策略。只要看不到休息的可能，孩子就会有意识地放慢速度，久而久之，故意的拖拉也会变成难以改变的习惯了。

3. 缺乏条理性

孩子缺乏条理性，写作业没有规划，想写什么就写什么。甚至，刚刚手里还拿着橡皮，去拿了一下直尺后，橡皮就没了影子。做题时也是如此，这道题做一会儿，又去做那道题，常常漏题、算不出结果。

4. 父母过于严苛

因为父母要求严苛，孩子不想犯错，所以不得不慎重而缓慢地完成作业。小文的父母从小就要求她一丝不苟地对待学习，只要小文稍微有哪里写得不好，她的父母就会要求她重新做一遍。渐渐地，只要小文发现作业有一点不整齐或者不好看的地方，她就擦掉重写，花时间来提高质量。

5. 感统失调，协调性差

有些孩子的思维跳跃，手速跟不上大脑的思考速度，经常会出现写错、串行的情况。孩子发现后只能擦掉重写，这样的情况多了就会心浮气躁，降低写作业的效率。也有些孩子会有意识地放慢自己的速度，但这种慢节奏很容易分散注意力，养成磨蹭的习惯。

孩子不会无缘无故地延长写作业的时间，父母不妨多关注孩子，找到孩子写作业拖拉的原因，对症下药，解决问题。

1. 帮孩子捋作业顺序

父母可以在孩子放学回家后，问清他有哪几项作业，一项一项地问清楚，引导孩子先写简单的作业，然后再写有难度的作业。比如：“今天都有什么作业？你想好先写哪一科了吗？”“你可以先把……（简单的作业）写完，有不会的可以来问爸爸妈妈。”

难度不大的作业写完之后，就相当于完成了大部分，孩子不会因为死磕难题而耽误时间。并且，当孩子发现自己快要完成作业时，心理负担也会相对减少，更有动力和信心完成剩下的作业。

2. 到时间就不准再写了

如果孩子是有意拖拉，父母可以根据作业的情况和孩子的能力，来规定他的完成时间。比如：“我看你可以在……（时间）内完成作业，如果你做到了，可以玩……（时间）”。面对这种要求，大部分孩子都会欣然答应。

一旦时间到了，父母就可以立刻收作业，不允许孩子再磨蹭下去。父母可以说：“这个作业……（时间）如果写不完，就不要写了，不能压缩你的睡觉时间。”“我看你平时可以在……(时间)内写完，现在还没做完就不要做了，再耽误你……（娱乐活动）”

孩子成长有自己的节奏，如果做得不够快、不够好，父母不妨让自己慢下来，耐心地等待和了解，也许就能发现孩子隐藏的另一面。

56

总打人的孩子这样去引导

如果孩子喜欢打人，父母就有了操不完的心。说过无数次“不能打人”，孩子却把这些话当作耳旁风，总也记不住。父母急得跳脚，就严厉斥责、打骂，但也毫无作用，甚至适得其反。

奇奇抢弟弟手里的玩具汽车，弟弟死死抱着不松手，奇奇抬起手打了弟弟一巴掌。

妈妈责备道：“你怎么回事？怎么能打弟弟！”

奇奇气急了，抡起小拳头打向妈妈。

妈妈抬手就揍了奇奇几下，说：“我让你打人，你再打一下试试！”

很多父母在看到自己的孩子打人后，就担心孩子有暴力倾向，于是如临大敌。但好说歹说，甚至不惜武力伺候一顿，但孩子就是改不了。我们先来看看孩子为什么打人。首先，内心的愤怒是孩子一言不合就挥拳头的直接原因。孩子年龄小，缺乏控制情绪和行为的能力，只要他感到愤怒，就会不加思考地动手。比如，看到别人和自己

“抢”东西，会推打阻碍他的事物或人。再比如说，为了捍卫自己的“领地”而向“入侵者”发起进攻。孩子的占有欲很强，不喜欢别人来分享自己的东西。如果父母故意拿走孩子的东西来逗他，很容易就会激怒孩子，他就可能会下意识地用小拳头来招呼父母。

其次，自我保护意识强烈的孩子很喜欢打人。但过于强烈的自我保护意识往往会催生出过激的行为。这时，打人也许就不是一场孩子间的小打小闹，还有可能演变成一场危险的事故。这种类型的孩子，往往内心缺乏安全感。特别是缺乏父母陪伴的孩子，他们打人的次数也更多，主要就是想引起父母的关注，或者保护自己不受伤害。因为孩子不知道如何表达，于是本能地选择了最笨拙，也是最错误的方式。

最后，有时候，孩子只是通过打人来表达自己的情绪。尤其在2~3岁的时候，孩子逐渐生成自我意识，认为事事都该按照他的想法做，稍不顺心就会闹脾气。同时，这个时期的孩子不具备很好的语言表达能力，有委屈、伤心、愤怒、恐慌等负面情绪的时候，就会选择动手，立刻就把自己的情绪释放出来。

此外，孩子也会模仿他看到的行为。如果身边的人喜欢打人，或者看到影视作品中有打人的情节，孩子就容易受到影响。他会认为拳头就是处理纠纷的一种方法。并且，年幼的孩子脑子里也没有打人不对的概念。

如果不及时纠正，孩子就会觉得打人是无所谓的事情。这样的想法影响正常社交，甚至还有可能产生暴力倾向，或者变得孤僻，情绪波动大，容易生气。等孩子长大后，这种暴力倾向就会演变成父母无可奈何的大问题。

给妈妈的话术

孩子总打人，在特定发展阶段是可以理解的。父母只要应对得当，就能引导孩子正确处理自己的情绪，控制住打人的冲动。

1. 告诉孩子该如何发泄

父母教育孩子时，常犯的错误就是只说“不能打人”，却没有教导孩子该如何处理自己想打人的冲动。所以，父母不妨说：“打人不可以，但你可以去打鼓/跑步……”当孩子知道打人是不被允许的，并找到适合自己的发泄方法后，久而久之就不再打人了。

2. 询问的需求

年龄较小的孩子还不能清楚表达自己的情绪和想法。所以，父母需要主动询问。比如，父母可以说：“你是想要……（人称）陪你玩吗？”“是不高兴吗？因为什么生气？”“你不想……（孩子可能生气的原因）吗？你想要……（孩子喜欢的行为）吗？”

这样问可以让孩子感受到父母更在乎他的感受，而不是想要批评他打人的行为。孩子经常被询问，等他稍微长大后，就会渐渐发现自己的需求，而不是用打人来胡乱表达。

3. 告诉孩子可以做什么，不可以做什么

当孩子打人时，父母可以告诉他：“你可以……，但打……（人称）是绝对不行的。”“你可以……（正确的行为），但被打到的人会很疼，你要和……（人称）道歉。”“你想……（孩子打人的原因）可以，但不可以打人。”父母告诉孩子不可以打人，但需要告诉孩子什么样的行为是被允许的，该用怎样的行为达成自己的目的。

4. 告诉孩子该如何弥补

孩子打人后，父母可以说："……（人称）被你打得很疼，你看……（形容对方被打后的状况），我感到很生气/失望……""打人是不好的行为，你要去对……（人称）道歉。你想要……（孩子喜欢的行为）吗？"

孩子爱打人，父母不妨保持冷静，和孩子好好说话，站在他的角度去理解他的内心。理解和爱，永远是治愈孩子的良药。

孩子见人不爱打招呼，怎么办

孩子免不了要面对亲戚、父母的朋友等，但不少孩子是不爱和人打招呼的。许多父母都不得不面对这种尴尬的情况，却没有办法让孩子主动问好。

妈妈拉住往后退的露露，指着朋友说："快和阿姨打招呼。"

露露看着眼前的陌生人，愣着不肯开口。

妈妈推了露露一把，催促道："露露，快叫人，阿姨是爸爸妈妈的朋友，你小时候还抱过你呢！"

露露有些局促，往妈妈身后躲。

妈妈感到很尴尬："这孩子就是扭扭捏捏的，妈妈说过不可以没礼貌，快叫人！"

露露紧紧抿着嘴，快要哭了。

很多父母无奈地发现，孩子在家活泼爱表达，在外面就变得怯懦寡言，连和人打一声招呼都不愿意。如果是不常见面的人还好，但如果对方是常见面的朋友、长辈，孩子还是不肯打招呼，父母就逼迫孩子一定要打招呼。当孩子不愿意按照父母的意愿行事，孩子就有可能被当众数落为"不懂礼貌""不够大方""任性不懂事"。父母觉得孩子不听话，还让自己在大庭广众之下丢了面子。其实，年龄较小的孩子不愿意和人打招呼，是一件十分常见且正常的事情。

父母在让孩子打招呼时，应该考虑到孩子是否与对方接触过。如果是性格有点内敛的孩子，他很难对从没有见过，或者只见过一两面的人主动开口。性格内向的孩子需要经过很大的努力与他人打招呼，但即使是这样，他们也很不擅长交流，下一次还是会不愿意和别人打招呼。

大部分孩子不喜欢与人打招呼，是因为和陌生人打交道的时候，非常容易产生恐惧和紧张的情绪。美国教育学家查尔莫斯曾在一个实验中发现，每 100 个孩子（年龄为 8～9 岁），在到了需要和陌生人打招呼时，有八成的孩子稍微退后，他们的左脑中产生了抗拒陌生人的信号。查尔莫斯认为生理性原因使孩子在沟通时比成年人更加敏感。特别是处于"自我保护期"的孩子，他们更倾向于与家人保持亲密的关系，以得到成年人的关心和保护。而在面对陌生人时，他们会下意识地选择躲闪和回避。特别是不到 10 岁的孩子，他们在和陌生人打交道时，自我保护的潜意识会非常强烈。

心理学中有一个词叫作“陌生人焦虑”，即在孩子年纪较小的时候，容易对亲近的人产生依赖心理。比如说，孩子会十分依赖一直照顾自己的爸爸妈妈或爷爷奶奶，但当离开这些亲近的人，去与陌生人接触时，他们就会难以抑制地感到焦虑。这种因面对陌生人而产生的不安感和焦虑情绪，直到三四岁时，也会一直伴随着孩子，让他们排斥如打招呼之类的社交行为。

孩子不喜欢和人打招呼，只是暂时的表现，等孩子逐渐长大就会好转。父母不要因此批评孩子，应耐心等待和引导，让孩子尝试与他人打招呼。

1. 先让孩子和有好感的人打招呼

如果父母一开始就勉强孩子和不熟悉的人打招呼，很容易刺激出他的抵触心理。所以，父母不妨先鼓励孩子和熟识、喜欢的人打招呼。比如经常会碰到的、与孩子同龄或者稍微年长一些的哥哥姐姐。孩子一般在熟悉或者有好感的人面前，比较放松和主动。

2. 教孩子问候语

年幼的孩子大多不知道该如何问候别人，不知道打招呼时该说些什么，所以，父母可以教他一些简单的问候语。比如：“见到大人要叫‘叔叔阿姨好’，早上可以说‘早上好’，中午可以说‘中午好'，晚上要说'晚上好'"。如果不知道说什么，可以对别人笑一下，或者点点头。

另外，在孩子打招呼之前，父母最好先做好示范，遇见熟人主动问好。这是教会孩子打招呼的好机会。

3. 提前向孩子介绍细节

如果是安排好的聚会、活动，父母可以提前向孩子介绍会面的细节。比如，将去什么地方，做什么，可能会遇到哪些人，该如何称呼，与他/双方是什么关系，该说些什么。

当孩子知道即将见到的人是自己的亲戚或长辈时，就可能主动卸下心防，不那么抵触，愿意主动和对方打招呼。

打招呼是孩子无法回避的社交礼仪，父母在引导的同时，一定要保持耐心等待，遵循其成长规律，蹲下身告诉他"现在不想说话也没关系"。